CARLOMAGNO
El padre de Europa

Lluís Prats

Directora de la colección: M.ª Mercedes Álvarez

© 2014, Lluís Prats y Editorial Casals, S.A.
Tel. 902 107 007
www.editorialcasals.com
www.bambulector.com

Diseño de cubierta: Bassa & Trias
Fotografías: ACI, AISA, Album, Corbis/CordonPress, Thinkstock
Ilustraciones: Jaume Farrés

Primera edición: marzo de 2014
ISBN: 978-84-218-5447-1
Depósito legal: B-29054-2013
Impreso en Anzos, S.L., Fuenlabrada (Madrid)
Printed in Spain

El viajer de los Alpes

Febrero del año de Nuestro Señor de 754

La nieve caída la víspera, fiesta de San Antonio Abad, cubría por completo el reino de los francos. Los caminos desde las riberas del Rin hasta las del Elba estaban cubiertos por inmaculados mantos blancos que llegaban a la frontera con las salvajes tribus del norte.

La nevada había sido tan intensa que incluso las águilas, que se habían refugiado en los picachos más altos, debieron de sorprenderse al ver una pequeña comitiva a caballo que viajaba hacia el sur.

Se trataba de cuatro emisarios reales que atravesaban los bosques desafiando aquel tiempo de perros. Mientras avanzaban hacia los Alpes, las pezuñas de sus caballos dejaban en la nieve una sucesión de marcas, como si fueran hileras de hormigas. Los animales resoplaban hielo y las ramas de los abetos se doblaban llenas de nieve, como haciendo una reverencia.

La única compañía que los cuatro jinetes francos habían tenido durante días fue la de los cuervos y algún venado que les sirvió de cena, asado con ajos, romero y miel. El corpulento germano que encabezaba la marcha se había encargado, con placer, de cocinarlo. Su nombre era Gualterio; de vez en cuando bebía de su cantimplora de cerveza y alegraba la marcha cantando unas conocidas estrofas sobre una pastorcilla y un dragón.

Detrás del forzudo montaba un muchacho llamado Carlos, al que se conocía en la corte de los francos como el Palurdo, porque todavía no se había iniciado en el aprendizaje de las letras. Sin embargo, según algunos se le debía llamar el Larguirucho, ya que, a sus 12 años, sacaba más de una cabeza a sus compañeros de juegos. Era tan rubio como desgarbado y parecía más un labriego que el primogénito de Pipino, rey de los francos.

Carlos el Palurdo, el cazador Gualterio, su hijo Teodorico el Cojo y Lullus, el anciano obispo de Maguncia, habían partido una semana antes de la fortaleza de Thionville hacia los Alpes para dar la bienvenida a un viajero tan ilustre como inesperado: Esteban de Roma.

Era la segunda vez que un Papa acudía al rey de los francos para pedir auxilio. Su predecesor, Zacarías, lo había hecho unos años antes para evitar que los salvajes lombardos profanaran las reliquias de las iglesias de Roma. Sin embargo, esta era la primera vez que un Pontífice se atrevía a atravesar los Alpes en pleno invierno.

En cuanto la noticia llegó a la corte, muchos comentaron que el Papa debía de estar realmente desesperado para cruzar las montañas.

—Esperemos que no se le congele el báculo —había bromeado uno de los consejeros reales—. Me apuesto diez monedas de plata a que no lo logrará.

El padre de Europa

La primera vez que Roma pidió auxilio a los francos, cuatro años antes, el rey Pipino el Breve prometió ayudar, venció a los lombardos y, a cambio, el papa Zacarías le recompensó generosamente. Al terminar la campaña, Pipino, que había sido hasta entonces mayordomo de las casas de Neustria y Austrasia,[1] fue coronado rey de los francos y alemanes.

El joven Carlos recordaba la ceremonia que se celebró poco después en la basílica de San Denís, cerca de París. Por orden papal, fray Bonifacio ungió la frente de su padre con el óleo sagrado. El fraile bonachón, que había concedido al nuevo rey la misión de «dirigir los pueblos que Dios le confía», murió martirizado dos años atrás en las fronteras del oeste, en Flandes. Sin embargo, como había presagiado ese día, el reino de los francos cobró un nuevo impulso gracias al férreo gobierno de Pipino.

Todos esos hechos sucedieron cuando el joven Carlos tenía 8 años. Por esa época, se pasaba el día trepando a las copas de los árboles junto a sus inseparables compañeros Oto y Teodorico el Cojo, para cazar ardillas o robar huevos de abubillas. Aún no le habían llamado de la corte ni había recibido ningún encargo de su padre.

En cambio, esa gélida mañana de febrero, tras ocho días de marcha helado hasta los tuétanos, iba a cumplir una misión muy importante: recibir al pontífice Esteban y acompañarlo a la corte. Carlos el Palurdo se entretenía con estos pensamientos cuando las cumbres del terrible monte Luppiter empezaron a brillar entre las brumas.

---

1. Territorios situados en las actuales Francia, Alemania, Bélgica y Austria.

Entonces, se volvió hacia el obispo de Maguncia, que seguía dormitando en la retaguardia, y le rogó:

—¿Por qué no nos contáis la historia de mi abuelo, buen Lullus?

—¿Otra vez? —se extrañó el anciano de barba plateada abriendo un ojo.

El chico se encogió de hombros y el cazador Gualterio, que encabezaba la marcha, replicó:

—Sí, ya sabéis que le gusta oírla.

El prelado se arrebujó entre sus pieles, miró taciturno hacia el cielo cargado de nubarrones y se aclaró la garganta.

—Está bien —masculló—. Si así lo deseáis... ¿Qué parte queréis oír? ¿La de la batalla?

—Esa, sí —sonrió el chico de ancha frente, nariz afilada y ojos claros como el agua del Rin.

El anciano sonrió también. Por enésima vez iba a relatarle las gestas de su abuelo Carlos Martel, o el Martillo, y su victoria sobre las tropas árabes sucedida unos veinte años atrás, en la que él mismo había participado como escudero.

—Corría el año de gracia de Nuestro Señor de 732 —empezó a contar ajustándose el estribo— y vuestro abuelo Carlos, Dios lo tenga en su gloria, oyó que los hijos de Alá habían conquistado los reinos visigodos[2] y pretendían proseguir hacia Francia.

»Odón, el conde de Aquitania,[3] ya los había frenado ante las murallas de Toulouse años después de que arro-

---

2. Pueblos que ocuparon buena parte de Hispania tras la desaparición del Imperio romano.
3. Región del suroeste de Francia.

llaran los reinos de Hispania.[4] Sin embargo, meses más tarde, los árabes atravesaron los Pirineos y saquearon la región, pasándolo todo a sangre y fuego. Viendo el conde que no podía hacer nada, pidió ayuda a vuestro abuelo, a cuyos oídos ya había llegado la noticia de que los sarracenos querían apoderarse del santuario de San Martín en Tours, que estaba lleno de reliquias y riquezas.

Mientras el anciano obispo relataba las gestas de Carlos el Martillo, el muchacho recordó el tosco retrato de su abuelo que presidía la sala de los fuegos del palacio de Thionville, en el que tenían lugar las cenas y las celebraciones, y donde ardía una gran hoguera con leños de robles viejos permanentemente. Se lo imaginó cabalgando al frente de sus huestes por la vaguada cubierta de nieve.

Hasta entonces, Carlos el Palurdo había vivido apartado de la corte junto a su madre, Bertrada de Laon, que lo había educado piadosamente. Por eso, cuando su padre lo llamó a su lado, solo había recibido la educación de un mozo de caballerizas. Sabía que era un hijo bastardo y que su padre se había apoderado del trono tras deponer al rey Childerico,[5] raparle la cabeza y recluirlo en un monasterio. Tanto él como los nobles estaban hartos de ver llegar a Childerico a las asambleas montado en un carro que tiraban bueyes, como un bulto. No en vano, el pueblo llamaba a esa dinastía merovingia la de «los reyes holgazanes».

---

4. Cumpliendo con la guerra santa predicada por Mahoma, las tropas árabes atravesaron el estrecho de Gibraltar en el año 711 y ocuparon los reinos visigodos de Hispania.
5. Childerico fue el último rey merovingio. La dinastía merovingia gobernó el centro de Europa entre los siglos V y VIII.

El chico sonrió, porque era más fácil ver a Childerico borracho y rodando por el suelo como un tonel de cerveza, que caminando con paso orgulloso entre los barones francos. A pesar de esas circunstancias —pensó—, él era el primogénito y, si su padre lo había llamado a su lado, quizás se debiera a que la Providencia le reservaba grandes acciones. Así se lo dijo su madre la tarde que los emisarios de Pipino fueron a buscarlo a la choza de los bosques de Aquisgrán. Entonces, la grave voz del anciano Lullus hizo que regresara de sus pensamientos:

—Así que el día de la festividad de San Cerbonio, las tropas de veteranos de vuestro abuelo y de Odón se reunieron cerca de Poitiers y avanzaron por las antiguas carreteras romanas, hasta encontrar desprevenidos a los invasores.

»Veinte mil lanzas cristianas seguían a los estandartes de vuestro abuelo, que situó a su ejército en un lugar por donde esperaba que pasara el enemigo y aguardó. Al ver el bosque de hierro que tenía delante, el innumerable ejército de los infieles nos vigiló durante seis días y al séptimo se lanzó al ataque.

»Al alba tronaron los tambores y los cuernos agrietaron los cielos cuando las dos fuerzas nos lanzamos una contra la otra. Los sarracenos no disponían de cotas de hierro y sus lanzas eran cortas, de modo que, tras la primera carga de su caballería y a pesar de que la nuestra era menos numerosa, nos dimos cuenta de que seríamos superiores y empezamos a gritar: «¡Por la cruz y san Dionisio!».

»Los francos íbamos bien equipados para combatir el frío y contábamos con la ventaja de que conocíamos el terreno y de nuestras largas lanzas. Los árabes no estaban tan bien provistos, así que su cabecilla, Abderramán, confió en la superioridad táctica de su caballería y la hizo cargar repetidamente.

Sin embargo, la fe de los árabes en sus jinetes, que iban armados con las lanzas y las espadas que les habían dado la victoria en batallas anteriores, no estaba justificada. Los disciplinados soldados francos resistimos cinco asaltos, pese a que la caballería árabe consiguió romper nuestro cuadro varias veces.

»La batalla duró un día. Mientras intentaba frenar la retirada, Abderramán fue rodeado y un hercúleo soldado de la guardia de vuestro abuelo le cortó la cabeza de un mandoble. Al verlo, los árabes regresaron a su campamento de Narbona y los francos empezamos a gritar: «¡La cruz y san Dionisio! ¡Victoria!».

»Desde esa mañana, vuestro santo abuelo recibió el apodo de Carlos Martel, porque había machacado a las tropas sarracenas como el martillo del herrero en el yunque.[6]

El anciano obispo terminó el relato y bebió un largo trago de cerveza. En ese momento, el cielo plomizo terminó de encapotarse, las cumbres del monte Luppiter dejaron de verse y unos gruesos copos de nieve empezaron a bailar entre los abetos.

—¡Cómo me gustaría poder leer esos hechos en las crónicas! —se lamentó el joven Carlos, cubriéndose la cabeza con la capucha.

---

6. *Martel* significa 'martillo' en francés antiguo.

—No tenéis nada de qué avergonzaros... —susurró el obispo mientras guardaba su odre en el zurrón—. Algún día aprenderéis a leer.

—Quizás... —musitó él mirando a su alrededor.

Poco después, el grupo aceleró el paso para llegar cuanto antes a una posada situada en las estribaciones de las montañas. El vapor que desprendían los caballos sudorosos se confundía con la espesa neblina que los rodeaba y permanecieron en silencio durante un buen trecho.

Luego, las monturas penetraron en las brumas hasta que llegaron a un claro del bosque en el que sobresalía una tosca cruz de piedra partida en uno de sus extremos. A continuación, el camino torcía a su derecha y se adentraba en un nuevo barranco.

El trayecto se hizo en silencio, el cual solo rompieron los chillidos de las águilas o los ladridos de los perros cuando pasaban cerca de alguna granja. Tras media hora, los jinetes vislumbraron unas gruesas volutas de humo que se elevaban en el cielo y poco después vieron la posada.

El establecimiento era chato y estaba construido en piedra y madera. La nieve recubría sus tejados y se accedía a su interior a través de un pequeño arco de piedra ennegrecido por el humo. En el poste de entrada se balanceaba un letrero; el anciano obispo fue el único que sonrió al leerlo, pues solo él podía hacerlo.

—El real refugio del cazador —murmuró—. Un nombre muy apropiado para el hijo de un rey, ¿no creéis?

El chico se encogió de hombros porque no le gustaban las adulaciones. Sin embargo, sus gruesos labios se curvaron en una sonrisa. Tras una semana de penosa marcha, iban a disfrutar de un trago de vino con especias, venado asado y hogazas de pan tierno.

Los cuatro emisarios francos descabalgaron frente a la rústica construcción y entregaron las riendas de los animales a los mozos de cuadra que habían salido al atrio. Atravesaron los establos y entonces Carlos sonrió, porque el consejero de su padre acababa de perder diez monedas de plata: atados a los pesebres reposaba un grupo de caballos hispanos, pequeños y nerviosos. Eso significaba que el Papa y sus acompañantes habían logrado atravesar los montes y los aguardaban en el interior de la cabaña.

Un orondo posadero los recibió a las puertas del local haciendo exageradas reverencias ante los cuatro jinetes rubios que habían llegado por el camino del norte con las capas cubiertas de nieve.

—¡Buenos y fríos días, señores! —les dio la bienvenida tiritando—. Muy agitados estamos. Viajeros de Roma han llegado, muy importantes si mi olfato no me engaña...

—¡Mesa para el hijo del rey Pipino y sus compañeros! —se limitó a decir el obispo Lullus, cuyas narices se habían ensanchado al olor de la comida.

Al oírlo, Carlos dio un respingo, porque no le gustaba que lo anunciaran como tal ni darse importancia. Sin embargo, no tuvo tiempo de protestar, ya que el posadero abrió unos ojos como platos y les indicó que lo siguieran hacia el interior.

2

El real refugio del cazador

Marzo del año de Nuestro Señor de 754

La posada rebosaba de peregrinos y cazadores. Algunos acababan de llegar y todavía iban enfundados en sus capas. Otros yacían sobre las pieles de oso que tapizaban las tarimas. El lugar olía a cebolla, a ajo y a cerveza agria, y estaba lleno de humo.

Carlos paseó la mirada por el local y se fijó en un grupo de cuatro hombres que se calentaba junto al fuego que ardía en un rincón. Todos lucían grandes tonsuras que dejaban sus calvas al descubierto, tenían una edad más que respetable y llevaban sobre sus hombros las pesadas capas de viaje.

El Papa había procurado viajar de riguroso incógnito para la misión más delicada que iba a llevar a cabo desde que ocupaba la cátedra de san Pedro. Aun así, la dignidad que emanaba de su rechoncha figura y el respeto con el que lo trataban sus compañeros delataban que se trataba de alguien muy poderoso. Carlos se acercó, seguido por sus compañeros, y le saludó recordando la contraseña que había aprendido de memoria:

—Los tallos de la cebada ya están tiernos.

El hombre de cara cuadrada, mentón prominente y unos ojos negros que brillaban como dos brasas, lo miró sorprendido y dijo:

—Sí, pronto llegará la siega.

El muchacho respiró confortado porque había cumplido la primera parte de la misión que le había encargado su padre, el rey. La segunda, acompañar al Papa hasta la corte, resultaría más fácil. Tanto él como el cazador Gualterio o su hijo eran capaces de orientarse por las estrellas hasta regresar a Aquisgrán, donde se había trasladado la corte el mismo día de su partida.

—Así que tú eres el joven hijo de Pipino —dijo el Papa, respirando con alivio.

Carlos se limitó a asentir y el Papa lo invitó a sentarse a su lado.

—¿Qué edad tienes?

—Doce años, santidad.

Mientras Carlos ponía al Papa al corriente del plan de viaje para acompañarle a la ciudad de Aquisgrán, uno de los hombres del séquito susurró a su compañero, que bebía ruidosamente de una jarra:

—Ha enviado a su primogénito, sí, pero debía haber venido Pipino en persona, si queréis saber mi opinión, señor camarlengo —gruñó.

—Pero, ¿a qué pensáis que hemos venido, señor archidiácono de san Pedro? —replicó el clérigo al tiempo que depositaba la jarra sobre la mesa—. ¿A qué hemos venido si no a postrarnos ante Pipino para que salve Roma de los lombardos?

El anciano archidiácono miró hacia las brasas del fuego y masculló algo que su compañero no entendió.

Gualterio, su hijo Teodorico el Cojo y el obispo Lullus se sentaron a la mesa junto al séquito del Papa y aguardaron a que les sirvieran la comida. Luego, junto a Carlos, escucharon lo que el Papa empezó a contarles:

—Hemos llegado esta misma mañana, después de un viaje de doce días desde Roma. ¿Habéis estado allí?

Carlos negó con la cabeza y dio un mordisco a la porción de asado que el posadero le había servido.

—Los territorios del norte están peor de lo que imaginábamos —prosiguió el Papa—. Hemos cruzado las tierras de los lombardos de noche, a la tremenda luz de las aldeas que ardían en pavorosos incendios. No creo que haya quedado ni un alma cristiana con vida en esas regiones.

Carlos se estremeció al imaginar las atrocidades que esa tribu de salvajes podía estar cometiendo contra personas inocentes. Pensó que hombres así no merecían vivir en un reino cristiano. Quizás tuviera razón su padre cuando decía que solo había dos maneras de tratar a los lombardos de los que hablaba el papa Esteban: adiestrarlos o sacrificarlos, igual que se hace con los perros salvajes.

Eso era lo que había aprendido hasta entonces. Eso era lo que estaba dispuesto a hacer si algún día le tocaba gobernar. No le entraba en la cabeza la idea de que los hombres actuaran como las bestias. Su madre y su tutor fray Eusebio le habían inculcado que hay que mostrar piedad, pero, también, que hay que tener mano firme con los hombres que no merecen ser llamados como tales.

El Papa les siguió contando atrocidades y el motivo que lo había llevado a emprender ese viaje, mientras ellos comían carne de ciervo aderezada con nabos y cebolletas. Después, apuraron las espumosas pintas de cerveza y, al terminar, Carlos se levantó de su silla. Con un gesto, invitó al Papa a hacer lo mismo.

—Si no os importa —le dijo—, emprenderemos el camino de regreso de inmediato.

—Espero que nuestro destino quede cerca —suspiró el anciano de barba blanca y ojos de halcón, mientras lo seguía entre las mesas hacia la puerta.

Carlos sonrió.

—Está cerca —lo animó—. Solo será una semana más de camino.

—¿Una semana? —palideció el Papa, que llevaba doce días con sus noches alejado de su palacio de San Juan de Letrán—. Creí que...

—Nosotros partimos de Thionville hace ocho días, pero la corte se trasladaba entonces a Aquisgrán y hacia allí nos dirigimos, santidad.

—¡Ah, sí! —dijo el Papa resignado—. La famosa *Aquae Granni* [7] de los romanos, si no estoy equivocado.

—Su gracia sabe más de lo que suponía —se atrevió a indicar Carlos.

Luego entraron en los establos y Carlos se dirigió hacia las monturas de refresco.

---

7. La ciudad de Aquisgrán (en alemán, *Aachen*), situada al oeste de Alemania, fue en la época del Imperio romano un conjunto termal que usaron los soldados romanos durante la conquista de Germania. La denominaron *Aquae Granni* (o 'agua de Granus').

—Nuestras aguas os curarán del cansancio en un par de días —explicó mientras el anciano Papa montaba en un gran caballo germano—. Yo suelo recurrir a ellas con frecuencia.

El cazador Gualterio sonrió por debajo de sus curvados bigotes pelirrojos, pues era de sobras conocida la afición del hijo de Pipino a nadar en las piscinas del antiguo complejo termal.

El camarlengo de San Juan se volvió hacia otro de los prelados del séquito y musitó:

—Para ser un bárbaro iletrado, este joven sabe cómo tratar al Pontífice.

—No olvidéis, señor —replicó Carlos, que lo había oído, que estos bárbaros iletrados ya os han salvado la vida una vez.

El archidiácono de san Pedro abrió la boca sorprendido. El hijo de Pipino había puesto los puntos sobre las íes sin faltarle al respeto. Por eso no se atrevió a replicar a aquel joven que dirigía su caballo hacia la puerta de los establos.

Fuera seguía nevando intensamente, pero eso no pareció preocupar al muchacho, que se arrebujó en su capa, se protegió la cabeza con la capucha y aguardó a que el resto de la comitiva estuviera lista para emprender la marcha.

Los ocho hombres se alejaron por el camino del norte y se perdieron en la tormenta de nieve que amenazaba con cubrir por entero la pequeña posada. El dueño del establecimiento los observaba desde la puerta, secándose las manos con un trapo y preguntándose por qué habían acudido a su posada esos misteriosos viajeros a los que había ido a recoger Carlos el Palurdo.

Ocho días después de emprender el regreso, los jinetes remontaron un pequeño monte de abetos llenos de nieve y vieron a lo lejos las viejas murallas de Aquisgrán. Sus torres cuadradas se elevaban orgullosamente al cielo, y las banderas rojas y doradas con el dragón ondeaban en algunos mástiles.

La corte era itinerante, de manera que se la podía encontrar tanto en el norte como, al mes siguiente, en París; sin embargo, las antiguas fortalezas romanas de Aquisgrán, Soissons y Thionville eran las residencias preferidas del rey Pipino.

En cuanto los guardianes de la fortaleza de Aquisgrán adivinaron la presencia de la comitiva entre las brumas, los cuernos resonaron por el estrecho valle. Al instante, cientos de artesanos, mercaderes y otras gentes salieron de los comercios, las herrerías y los establos para ver con sus propios ojos a Esteban, el Papa, que había cruzado los Alpes en la estación de nieves.

El grupo de Carlos, Lullus, Gualterio y Teodorico el Cojo, seguido por el Papa y su séquito, azuzaron a sus caballos y ascendieron por el terraplén hasta llegar frente a la vieja fortaleza. La guardia, formada por varios hombres de bigotes rubios, cubiertos por cotas de hierro y unas larguísimas espadas que les colgaban del cinto, estaba apostada a ambos lados de las sólidas puertas de roble.

—Algún día haré que reconstruyan esta ciudad —susurró Carlos a su amigo Teodorico el Cojo mientras detenían los caballos frente a los soldados.

—Eso se hará porque quieres nadar cada día en las piscinas —sonrió el cazador.

El joven Teodorico trataba a Carlos con familiaridad, porque le había enseñado todo lo que un franco debía saber para ser un hombre de provecho. Junto a él había aprendido a cazar agazapándose entre los arbustos, a atravesar un río helado sin ahogarse, a buscar o construir un refugio en mitad de una tormenta, a hacer fuego sin contar con pedernal, a desollar venados sin quitarles la grasa, a encontrar tubérculos y hierbas para condimentar los guisos, e incluso a robar huevos de gallinas y unos puñados de harina para cocer pan.

El rey Pipino estaba en el salón de audiencias, acompañado por varios consejeros, cuando los cuernos que anunciaban la llegada de la comitiva resonaron por el valle. Todos bajaron por los oscuros escalones, atravesaron el patio, montaron en sus caballos y galoparon hacia las antiguas puertas romanas.

Caía un atardecer lánguido y frío cuando el rey salió a las puertas de la ciudad y bajó de su montura para sujetar el estribo del caballo del obispo de Roma, a quien las gentes miraban entre asombradas e incrédulas.

Sin embargo, antes de que pudiera hacerlo, el papa Esteban desmontó y se postró a sus pies, ante las miradas de estupor de su propio séquito y del resto de los presentes.

—No me levantaré hasta que nos prometáis vuestro auxilio —le dijo—. El lombardo Astolfo quiere asolar Roma.

Pipino lo miró con asombro y se mesó la barba con preocupación. Era la segunda vez en menos de dos años que el papado le pedía auxilio. El hecho de que el nuevo papa Esteban hubiera cruzado los Alpes para pedir su ayuda, en un gesto que lo honraba, lo llevaba a pensar que la situación debía de ser desesperada.

—Roma me coronó —dijo el rey en un tosco latín que hizo sonreír a los clérigos de la comitiva papal—, ¿cómo puedo olvidarlo y no salir en vuestra defensa?

Entonces, el papa Esteban se levantó costosamente del suelo con una amplia sonrisa en la cara. Tendió la mano al rey para que besara su anillo y, juntos, entraron en Aquisgrán.

•••

El banquete de bienvenida tuvo lugar esa misma noche, después del solemne oficio religioso celebrado por el Papa en la rústica capilla de la fortaleza. Para asistir a tan importante encuentro, se habían reunido docenas de nobles, soldados y no pocas damas ataviadas con sus mejores galas.

Al terminar el servicio religioso, los invitados se dirigieron a la sala de los fuegos, que los siervos habían decorado con flores y cortinas. En el centro de la estancia ardían tres hogueras, y sobre ellas se asaban grandes ciervos y otros venados. Mientras, una legión de cocineros se encargaba de que en las bandejas no faltara nada sabroso para llevarse a la boca.

Carlos se sentó en uno de los extremos de la mesa de su padre junto a Lullus, su inseparable compañero Teodorico el Cojo y el padre de este, Gualterio el Cazador.

El padre de Europa

El rey Pipino conversaba en presencia del Papa con algunos barones sobre los territorios de Italia y la campaña contra las tribus lombardas, cuando uno de los acompañantes del papa Esteban se volvió hacia Carlos y le preguntó:

—¿Y este joven que va con vos a todos lados? Creo que el hijo de un rey merece por compañero algo más que un guardabosques tullido.

Al oírlo, a Carlos se le hincharon las venas y su cara enrojeció, no a causa del vino, sino de la indignación.

—¿Cómo decís? —estalló—. Sabed, señor, que hace cuatro años, cuando yo contaba 8 y Teodorico, 12, estábamos jugando cerca de un lago helado y, en un momento determinado, el hielo se agrietó y me precipité en sus negras aguas. Teodorico no dudó un instante y se lanzó detrás de mí para que el abismo no me engullera. Se hundió en las heladas aguas y me salvó. Luego me cargó sobre sus hombros durante más de una hora. Atravesó el bosque negro con tanta rapidez y tan mala fortuna que se torció un tobillo. Sin embargo, siguió avanzando durante más de una hora hasta que encontró una choza donde pudimos quitarnos las ropas heladas y calentarnos al fuego.

A medida que Carlos hablaba, el hombre que había hecho el impertinente comentario se sintió empequeñecer por momentos.

—Los médicos —prosiguió él— no pudieron hacer nada para recuperar su pie. Teodorico me acompañará donde yo vaya hasta el final de mis días o de los suyos.

El clérigo se disculpó por su ignorancia y no volvió a hablar el resto de la velada. Carlos miró a Teodorico, que lo observaba con agradecimiento. Por nada del mundo —se dijo el hijo del rey— iba a tolerar que alguien se riera de uno de los suyos.

No pensó más en ese asunto porque entonces, cuando los estómagos ya estaban llenos y los músicos habían empezado a tocar sus instrumentos, tuvieron lugar los parlamentos de bienvenida. El rey Pipino se levantó de su sitial y alzó su copa mientras miraba al Papa.

—Nos, como defensores de Roma y su pueblo, os prometemos, Esteban —dijo con solemnidad—, que en cuanto empiece el deshielo cabalgaremos contra los lombardos y pacificaremos el norte de Italia, cumpliendo con nuestra palabra de defender al papado.

En ese momento, docenas de francos, con los rostros enrojecidos por la bebida, empezaron a aullar con ganas y a aporrear las mesas con las jarras de madera. Animado por la noticia de una nueva campaña, uno de los soldados de larga barba rubia dio un manotazo a la espalda de su compañero. Este se atragantó con la bebida y su jarra terminó en la cabeza del primero. Otros dos se rieron del soldado que había quedado empapado de vino de arriba abajo. La broma derivó en un puñetazo en la boca de uno de ellos, que escupió el trozo de pollo que masticaba y se lanzó por encima de la mesa contra su agresor. Las bandejas y las copas comenzaron a volar en todas direcciones, si bien los músicos siguieron tocando como si aquello fuera habitual. Tres soldados más se sumaron a la pelea y empezaron a repartir puñetazos. Enseguida volaron por los aires varias jarras de cerveza que descalabraron otras tantas cabezas francas.

El padre de Europa

Al ver lo que ocurría, el rey Pipino empezó a aplaudir y a proferir sonoras risotadas. Por el contrario, el séquito del Papa se dispuso a marchar antes de que una de las jarras terminara en la cabeza del Pontífice. El cazador Gualterio se levantó y se sumó con ganas a la trifulca, mientras que Carlos y su inseparable Teodorico salían del salón detrás del papa Esteban. En ese momento, los restos de un ciervo saltaban por los aires, se rompían tres bancos contra otras tantas espaldas y se partían unos cuantos dientes y huesos.

Carlos cerró la puerta en el momento en que una daga se clavaba en ella; una vez que estuvo fuera de la ruidosa sala, hizo un gesto de desagrado.

—Un poco de diversión está bien —dijo a su amigo Teodorico—, pero no me gusta que los hombres se emborrachen. No le veo sentido. Fray Eusebio siempre me decía que una de las virtudes por las que se reconoce a un hombre es su dominio sobre la comida y la bebida. De lo contrario, uno se convierte en un cerdo o en un asno.

Carlos recordaba las sencillas lecciones del fraile que, aunque apenas sabía leer —algo frecuente en la corte de su padre Pipino—, tenía mucho sentido común.

—Me gusta comer y beber, pero no de esta manera, Teodorico. Si algún día llego a gobernar, prohibiré tan absurdas peleas.

Al día siguiente, en media guarnición de Aquisgrán había algún diente menos, ojos morados, brazos en cabestrillo y todos con un buen dolor de cabeza por el exceso de vino y cerveza. Aun así, para la mayoría de los hombres había sido una fiesta muy bien organizada y, lo mejor de todo, había terminado con una buena pelea.

Una semana más tarde, una vez que se firmó el tratado por el que Pipino se comprometía a ayudar al Pontífice, una escolta de soldados francos acompañó al papa Esteban y a su séquito hacia los Alpes. Tres semanas después llegaron sanos y salvos a las puertas de Roma.

La campaña contra los lombardos del rey Astolfo tuvo lugar durante esa misma primavera. En cuanto empezó el deshielo, los enviados del rey Pipino recorrieron los bosques para llamar a los nobles a la guerra, a la cual estaban obligados por juramento.

Las huestes del lombardo Astolfo se disponían a bajar por Italia para atacar Roma, pero el reyezuelo no contó con la llegada, desde el norte, de una nutrida caballería recubierta de hierro. La mañana que comenzó el asedio a las murallas de Rávena, los pendones de color sangre y oro con el dragón de Pipino el Breve ondearon sobre las lomas que rodeaban la ciudad, y eran tantos que casi cubrían los cielos.

Las escaramuzas terminaron con la huida de los lombardos y la cabalgata de los francos se convirtió en un paseo triunfal. Al fin de la breve campaña, Pipino entregó al papa Esteban todos los territorios ganados, como Rávena y otras ciudades, en virtud del acuerdo que habían firmado el año anterior.

Unos meses más tarde llegó una valija a la corte, que había regresado a Thionville. Su interior contenía un anillo y un pergamino bellamente caligrafiado en el que el papa Esteban otorgaba al rey el título de patricio de los romanos.

La traición de Carlomán

Thionville. Año de Nuestro Señor de 768

Los años fueron pasando. Carlos ocupó las primaveras cazando junto a Teodorico el Cojo cuando sus obligaciones se lo permitían; durante los veranos nadaba en el Rin; en los otoños cazaba en los bosques y durante los crudos inviernos aguardaba tras los muros de Thionville a que los primeros brotes anunciaran la llegada del clima benigno para dedicarse, de nuevo, a cazar.

En la corte seguía siendo el Palurdo, pero había crecido y sus miembros se habían fortalecido por sus constantes ejercicios con la espada y el escudo. A los 20 años se dejó crecer unos bigotes rubios y largos que le colgaban a ambos lados del mentón. Tenía el cabello muy corto y ensortijado. Vestía con tanta sencillez que algunos visitantes no sabían si era el primogénito del rey o un mozo de las caballerizas. Sus andares parecían los de una persona humilde y su voz, algo aguda para un cuerpo tan grande, causaba sorpresa a quienes no lo conocían.

Aunque estaba bautizado y se había educado en la fe cristiana, no dejaba de formar parte de una tribu franca que, pocas generaciones atrás, había luchado en los bosques como los osos.

De su primer amor, una muchacha frágil llamada Himiltruda, tuvo a su primer hijo, un chico rubio y de ojos claros como su padre, que tuvo la desgracia de nacer jorobado. Carlos hizo que lo bautizaran con el nombre de Pipino y no lo rechazó; por el contrario, pasaba largas horas con él, jugando cerca de las caballerizas o montándolo sobre sus hombros para llevarlo de excursión por los bosques.

La primera expedición de castigo contra los lombardos no surtió el efecto esperado y los bárbaros de Italia se sublevaron de nuevo pocos meses después. Por este motivo, Carlos acompañó a su padre en otras dos campañas para combatir a los bárbaros que asediaban Roma. Desiderio había sustituido a Astolfo como rey y el nuevo monarca decidió reemprender la conquista de los territorios del Papa para demostrar su poder.

Durante todo ese tiempo, Carlos se ejercitó en el arte de gobernar asistiendo a las interminables sesiones de la corte. Su padre impartía justicia entre francos que disputaban por un prado, una piara de puercos o unas telas quemadas. De su madre, en cambio, aprendió las historias de los santos. Tenía ya más de veinte años pero todavía no sabía leer y, aunque quería hacerlo, las sesiones en el salón del trono o patrullando por los condados no le dejaban tiempo para ello.

—Un reino fuerte requiere una mano de hierro y una espada afilada más que un lector de salmos —lo reconvenía su padre con frecuencia—. Eso puede hacerlo cualquier siervo.

—Y la ayuda de Dios —le recordaba su madre cuando la visitaba en la cabaña de los bosques de Aquisgrán—. No olvides que para gobernar se necesita la ayuda de Dios.

Carlos asentía y se prometía a sí mismo que, si algún día llegaba a reinar, haría que su madre viviera en las habitaciones contiguas a las suyas.

La vida siguió plácidamente su curso hasta una noche de finales del lluvioso septiembre de 768. La luna había asomado entre las brumas y teñía de plata las ramas de los robles cuando la guardia anunció:

—¡Jinete por el camino del oeste!

Teodorico el Cojo se encontraba en uno de los torreones de Thionville y, al oír el aviso, corrió hasta las puertas de la ciudadela. Se trataba de un mensajero que había cabalgado desde París durante cuatro días y cuatro noches para llegar a la corte. En cuanto el amigo de Carlos oyó lo que el hombre tenía que comunicar, palideció.

Un segundo más tarde, subió los escalones y llamó a las habitaciones del heredero del reino de los francos. Carlos le abrió a medio vestir. Llevaba en las manos una tablilla de cera con la que se ejercitaba escribiendo letras.

Al verlo en el marco de la robusta puerta, Teodorico se arrodilló.

—Vuestro padre, señor... —balbuceó.

—Levántate, Teodorico —le ordenó Carlos con una sonrisa—. Contigo no quiero ceremoniales de corte. Dime, ¿qué nuevas hay de mi padre?

—Ha muerto... El rey ha muerto. ¡Viva el rey!

Al oír la noticia, Carlos retrocedió vacilando y se sentó debajo del bordado que narraba la victoria de su abuelo contra los árabes. Enseguida, dos gruesas lágrimas rodaron por sus mejillas hasta que se detuvieron en sus rubios bigotes.

En cuanto se repuso, sus seis pies de altura se incorporaron de la silla y se vistió deprisa. Tenía 26 años, un cuerpo vigoroso y buena salud.

—Nos marchamos a París —dijo de inmediato—. Que avisen a mi madre, a los señores y a la guardia. Que repiquen las campanas para anunciarlo al pueblo y se envíen mensajeros a todos los condados.

•••

Una semana más tarde, el 9 de octubre del año 768, una incontable muchedumbre se reunió a los pies de la iglesia de San Denís, a las afueras de París. Frente a la iglesia aguardaron en silencio todos los señores de los reinos de Austrasia y Neustria; detrás de ellos se agruparon miles de francos: soldados, mercaderes, granjeros y pordioseros.

Carlos acudió con su madre y el resto de la familia, y aguardó ante la puerta del templo, junto a los sacerdotes, la entrada de su hermano Carlomán. Este llegó media hora más tarde precedido de una numerosa escolta, desmontó de su caballo y subió los peldaños del atrio de dos en dos.

El segundo hijo del difunto Pipino no era tan alto ni tan agraciado como su hermano mayor. Su cabello era ralo y sus dientes, amarillentos porque —según algunos— le gustaba demasiado comer setas.

El padre de Europa

Hacía cuatro años que los dos hermanos no se veían. Al llegar al atrio de la iglesia, el joven Carlomán miró a Carlos, pero no le saludó, sino que siguió hacia las puertas. Con ese gesto desafiante pretendía entrar el primero en la iglesia, como si él fuera el primogénito. Pero, entonces, el obispo de París avanzó hacia el recién llegado, lo retuvo por un brazo, le susurró algo al oído y el rostro de Carlomán se contrajo en una mueca de disgusto. A continuación, el obispo hizo un gesto a Carlos para que traspasara el dintel de la puerta el primero; Carlomán entró detrás del primogénito con un gesto de humillación.

Se enterró al rey Pipino junto a los restos de su padre, Carlos el Martillo, tras una ceremonia larga y triste. En cuanto el incienso terminó de escaparse por los ventanales de San Denís y el último diácono regresó a la sacristía, Carlomán partió hacia el sur seguido por los consejeros más sabios y avariciosos de su padre: Fulrado y Adalardo. Desde ese mismo momento, ambos empezaron a maquinar de qué manera podrían convertirse en condes de los territorios que pensaban arrebatar al palurdo e inocente Carlos, el primogénito que heredaba la mitad del reino de Pipino.

Carlos vio con preocupación que sus dos consejeros se alejaban con su hermano. Con él se quedaron el anciano obispo Lullus —el mismo que lo había acompañado a los Alpes años antes—, y el pequeño y astuto Bernardo. Además, contaba con la ayuda del cazador Gualterio y de su hijo Teodorico, que no lo dejarían ni a sol ni a sombra.

Siguiendo el protocolo de la corte franca, el testamento de Pipino se abrió una semana más tarde. En él, el difunto rey establecía que el reino tenía que dividirse entre los dos herederos. Así, Carlos y Carlomán fueron coronados en sus respectivos territorios: el primero en Noyon, al norte de París, y el segundo en Soissons,[8] capital de su futuro reino.

Las últimas voluntades del difunto rey estipulaban que Carlomán heredara los territorios de Francia y Carlos, los de Alemania, y que entre ambos debían cuidar de Aquitania, al suroeste de Francia. Esta era una región problemática por las tribus que la habitaban. Pero, además, estaba cerca de las fronteras de los árabes de Hispania y también era un territorio cercano al de los lombardos del norte de Italia, que ya se habían sublevado varias veces contra el Papa.

Dos noches después de la solemne coronación, Carlomán llegó a Noyon acompañado por su guardia. Los dos hermanos se reunieron en el salón del trono, se acomodaron en los sitiales junto a una docena de señores y se miraron gravemente. Las relaciones entre ellos nunca habían sido todo lo buenas que cabía esperar, y no porque Carlos no hubiera puesto todo de su parte, sino porque su hermano siempre había tenido envidia de él.

—No quiero que haya rencillas entre nosotros, Carlomán —dijo Carlos al verlo sentado junto a Fulrado y Adalardo, que parecían dos buitres al acecho.

Su joven hermano no le respondió y mantuvo su mirada fija en el fuego.

---

8. Estas dos ciudades están situadas al norte de París y distan unos 40 km una de otra.

—Según los deseos de nuestro padre —prosiguió Carlos—, te quedarás con la zona de París, el Macizo Central, la Provenza, Burgundia y establecerás tu capital en Soissons. Tenemos que permanecer unidos.

Carlomán lo escuchó sin dejar de mirar el fuego que ardía en el centro de la sala y masculló entre dientes:

—Tus tierras son más ricas.

—Sí —replicó Carlos—, pero están dispersas y habrá que tener una corte itinerante para reunir a los barones.

—¿Y se supone que tengo que obedecerte?

Carlos se removió un poco intranquilo en su asiento, pero intentó no perder los estribos ante esa provocación.

—A mí, no —contestó Carlos—, a nuestro padre, que dispuso en su testamento cómo debíamos repartirnos el reino. No interferiré en tus decisiones. Solo te pediré ayuda si ocurre algo en los territorios de Aquitania.

—¿Y debería creerte? —insistió Carlomán después de que su consejero Fulrado le susurrara algo al oído.

—Puedes hacerlo o no —replicó Carlos—. No tengo ningún poder para obligarte. Por mi parte, cumpliré con lo establecido.

Carlomán lo miró con desconfianza y no dijo nada más. Tal y como había llegado, se marchó de la fortaleza de Noyon esa misma noche, un poco contrariado.

—Me temo que esto no terminará bien —murmuró Carlos mientras lo veía montar en su caballo y salir por las puertas, seguido de su guardia armada.

—No me gusta que parta de esta manera, señor —opinó su consejero Bernardo—. Y más, teniendo en cuenta que Aquitania está un poco revuelta.

—Lo sé, Bernardo. Pero no voy a ser yo quien empiece una guerra. ¿Por qué demonios se empeña en provocarme? En el legado de mi padre se especifica que debemos controlar ese territorio entre los dos.

Al día siguiente, Carlos también abandonó Noyon y regresó a Thionville para organizar el reino. Se reunió con los consejeros y algunos nobles, examinó los mapas, las cuentas, los asuntos pendientes de su padre y, tras una agotadora noche de trabajo, mandó llamar al viejo Enobardo.

El administrador se presentó un poco extrañado de que lo llamaran a las habitaciones del rey antes del canto de los gallos.

—Compra diez mil caballos —le ordenó Carlos nada más verlo.

—¿Diez mil? —interrogó el hombre, que tenía una gran barriga y cuyas trenzas pelirrojas le llegaban hasta los hombros.

—Eso he dicho —afirmó el rey mientras unos oscuros nubarrones avanzaban ante él—. El desplazamiento de nuestro ejército a pie es muy lento y, con un reino tan grande, necesitamos rapidez de movimientos. A partir de ahora, el ejército irá a caballo. Quiero que se empiece a adiestrar a los hombres en la carga de caballería.

—Quizás tenga razón, señor —dijo Enobardo tragando saliva—. Veré qué se puede hacer.

Hasta ese momento, los francos habían luchado a pie. Carlos decidió que era el momento de llegar a las fronteras de su reino en menos de una semana.

—Encarga también que se fundan veinte o treinta mil

estribos para los caballos —le ordenó antes de que cerrara las puertas de la estancia.

Esa misma noche, dos docenas de comerciantes y tratantes de ganado salieron por las antiguas puertas de Thionville rumbo a los valles del reino, con el fin de regresar lo antes posible con los caballos para la nueva caballería franca.

A partir de ese momento, en las fraguas de todas las herrerías del reino se trabajó de sol a sol. Muchas de ellas recibieron la inesperada visita del mismo rey, que seguía los preparativos acompañado de Teodorico el Cojo, quien no se separaba de su lado ni un momento.

•••

Tal y como Carlos había pronosticado, a pesar de la reunión que mantuvieron tras la coronación, las relaciones entre los dos hermanos empeoraron.

Al conocer la muerte de Pipino, las tribus de Aquitania se levantaron en armas contra sus señores francos. Con la aparición de las primeras nieves, la noticia llegó al corazón de Alemania y Carlos empezó a preparar una expedición de castigo para que el levantamiento no se extendiera a otras zonas del reino.

Una noche, paseaba con nerviosismo por la sala de los fuegos, donde su madre tejía unos calzones ayudada por dos doncellas. Tras su coronación, lo primero que hizo fue llamarla para que viviera con él y abandonara la cabaña cercana a Aquisgrán.

—¿Te ocurre algo, Carlos? —quiso saber ella.

—He enviado tres cartas a Carlomán para que se sume a la expedición contra Aquitania, pero no me ha respondido. No quiero enemistarme con él, madre. Ahora más que nunca, debemos estar aliados; de otro modo, los rebeldes del sur aprovecharán nuestra desunión.

—Tu hermano siempre ha sido un poco tozudo —repuso ella, siguiendo con su labor de costura.

—¿Un poco? ¿Bromeas? No es su tozudez lo que me preocupa, sino los que le aconsejan mal. Además, es mi hermano menor y he de protegerlo de sí mismo.

La anciana Bertrada de Laon elevó los ojos al cielo, agradeciendo que su hijo hubiera pronunciado tan sabias palabras. Al día siguiente, partió hacia el sur escoltada por un regimiento de hombres a caballo. Quería entrevistarse con su hijo Carlomán, que estaba en Seltz, a unos diez días de camino. El motivo de su viaje era apaciguar las disputas entre los hermanos y disipar los miedos de Carlomán, que creía que Carlos trataba de arrebatarle su parte de la herencia.

Carlos siguió con los preparativos de la expedición a Aquitania y dos semanas más tarde recibió una carta de su madre.

Mi querido Carlos:
Espero que estas letras te encuentren bien de salud. Llegué a Seltz hace dos días tras un plácido viaje que la bella Gertrudis endulzó con su flauta de madera. Tu hermano salió a recibirme con toda clase de regalos y esa misma noche ofreció un banquete en mi honor.

El padre de Europa

Esta mañana hemos dado un largo paseo por la alameda que rodea la ciudadela y, por lo que me ha dicho, no hay nada que deba inquietarte. Me ha dado su palabra de que accederá a servir bajo tu estandarte y acudirá a la llamada de guerra como un señor más.

Espero que esta noticia calme tu ánimo, que ha estado un poco inquieto desde la muerte de tu padre.

Por otro lado, sabrás que el nuevo rey de los lombardos, Desiderio, ha enviado embajadores ante el Papa. El Pontífice opina que una alianza con este pueblo lograría mantener la paz en las fronteras. No creo que unirse a estas tribus de Italia sea una mala opción.

Sin embargo, el rey querrá sellar el pacto con un matrimonio. Tiene una hija en edad casadera llamada Desideria. No es una belleza ni muy inteligente (dicen que en ambas cosas ha salido a su padre), pero creo que sería un enlace muy conveniente. Supondrá un pequeño sacrificio para ti, pero piensa que esta boda garantizará la paz en el sur, por no hablar de la cantidad de vidas que se salvarán si no hay guerra. En verdad te digo que sería una insensatez no desposarte con esta muchacha. Piénsalo. Piensa en Pipino y la pequeña Amaudru, tus hijos y tú necesitáis el calor de una mujer.

Confío en estar en Thionville unos días después de la fiesta de San Martín, a no ser que me ordenes trasladarme a otro castillo.

¡Que Dios y la Virgen guíen tus pasos!

Tu madre que bien te quiere.
Bertrada de Laon

Ese invierno fue tranquilo. Siguiendo los consejos de su madre, los escribientes de Carlos redactaron las condiciones de la alianza con Desiderio, que ambas partes sellaron durante una breve ceremonia que tuvo lugar cerca de los Alpes.

La boda se celebró unos meses después, cuando empezó el deshielo y las primeras amapolas se asomaron tímidamente entre los tallos de cebada. Entonces, el jefe de logística, Enobardo, fue al encuentro de Carlos. Tenía listas las armaduras, las sillas de montar, los repuestos de hachas de doble filo, las lanzas y las puntas de flecha recién forjadas. Todo cuanto el rey le había encargado antes del crudo invierno para la campaña de Aquitania estaba preparado en los almacenes de la fortaleza.

A mitad de mayo fueron llegando los guerreros a las puertas de Thionville y a finales de mes se habían reunido mil carros tirados por dos mil bueyes que seguirían a los diez mil hombres rumbo al sur. Todos iban cargados de quesos, carne de puerco salada, odres de vino y cerveza, sacos de harina, avena para los caballos y tarros de miel.

Tal y como se había acordado, Carlomán accedió a ponerse bajo la bandera del primogénito. Carlos estaba satisfecho, pues no esperaba que accediera a servir a sus órdenes. Doce días después de la partida, Carlos llegó al frente de su ejército hasta una aldea llamada Moncontour, cerca de Poitiers. Allí plantaron las tiendas y los pabellones, en cuyos mástiles flameaban al viento las banderas de Austrasia, y se dispusieron a aguardar a su hermano.

La tercera tarde de espera, Carlos estaba en su tienda examinando los mapas, cuando fuera oyó unos gritos:

—¡Inconcebible! ¡Absurdo! ¿Dónde nos llevará esto? ¡Qué insensatez!

Segundos más tarde, su secretario Bernardo accedió al pabellón con los ojos desencajados y chilló:

—¡Vuestro hermano!

Carlos esperó a que prosiguiera, lo que el hombre hizo después de tragar saliva:

—¡Ha regresado con sus huestes hacia el norte! Venían para acuartelarse junto a las nuestras, pero han tomado el camino de Tours.

—Lo ha hecho para menoscabar vuestra autoridad —subrayó Hugo de Poitiers, otro de los consejeros.

—Da igual —repuso Carlos al tiempo que se mesaba sus largos bigotes—. Seguiremos con nuestros planes. Mañana al alba, que suenen los cuernos. Cabalgaremos contra los rebeldes.

—Seremos inferiores en número —puntualizó un barón barrigudo llamado Romualdo de Metz.

—Pero no en valor —sentenció el rey.

Así que la madrugada siguiente, Carlos salió de la gran tienda seguido de su consejo y paseó la vista por sus huestes, acampadas a los pies del montículo en el que se levantaba su pabellón.

Cinco mil jinetes aguardaban enfundados en sólidas cotas de anillos de hierro que les llegaban hasta los tobillos. Cada soldado calzaba botas de cuero rematadas por punteras de hierro y una larga espada de dos filos colgaba del ancho cinturón. El escudo tenía forma de hoja alargada y llevaba pintadas unas cadenas de plata sobre un campo rojo. Todos se protegían la cabeza con un casco de hierro.

Las escaramuzas contra las tribus sublevadas duraron pocas semanas. Los aquitanos enseguida se dieron cuenta de que tenían poco que hacer frente a un ejército organizado al que tan pronto se encontraban en un valle un día como ante una fortaleza al día siguiente. La iniciativa de Carlos de que todo el ejército montara a caballo le había dado superioridad frente a esas tribus, que se desplazaban a pie.

En consecuencia, unas semanas más tarde, Carlos regresó triunfal a Thionville con muy pocas pérdidas y los territorios de Aquitania pacificados.

Rey de todos los francos

Thionville. Primavera del año de Nuestro Señor de 771

La traición de Carlomán enojó mucho a Carlos. Sabía que su hermano era testarudo, así que creyó conveniente enviarle una carta en buenos términos para terminar con las rencillas. Había decidido perdonarle por la traición de Poitiers.

El rey acabó de dictar la carta, se levantó de su silla y se acercó a la mesa para verla. Aún no era capaz de leer el pergamino y todos aquellos signos que bailaban como hormigas le daban dolor de cabeza. Sin embargo, se dio cuenta de que el resultado no era bueno y de que su hijo Pipino, de 4 años, podría haberlo hecho mejor.

—¿No sabéis escribir sin emborronar el documento? —se quejó al ver la cantidad de raspaduras que había hecho el escribiente.

El hombrecillo se encogió de hombros y masculló enojado:

—Jamás había escrito una carta real.

Carlos hizo un gesto de fastidio y le ordenó:

—Está bien, puedes retirarte.

Luego se quitó el anillo real, acercó una barrita de cera al fuego, vertió unas gotas sobre el pergamino y lo selló, mientras pensaba que tenía que encontrar a secretarios capaces de escribir sin equivocarse cada tres palabras.

—Una escuela es lo que necesitamos —se quejó—. No puedo gobernar un reino sin personas que sepan hablar y escribir.

Esa misma mañana partió un mensajero hacia Soissons, pero el destinatario nunca llegó a leer la carta. Una semana más tarde, llegó la noticia de que su hermano Carlomán había fallecido repentinamente de disentería.

Carlos acudió a su entierro en San Denís junto a su madre, el resto de la familia y los caballeros de su séquito.

Unos días después, cuando ya habían regresado a Thionville, llegaron a la corte unos emisarios procedentes de Soissons. Teodorico el Cojo les hizo pasar al salón del rey y anunció:

—Acaban de traer las pertenencias y la correspondencia de vuestro hermano.

Carlos hizo un gesto con la mano y entraron dos sirvientes con un cofre de madera lleno de pergaminos y pesadas bolsas llenas de monedas de oro.

El rey indicó a dos monjes que el oro se repartiera entre los pobres y luego pidió a otros dos, mientras se sentaba frente a ellos, que leyeran los pergaminos.

La mayoría de los documentos eran donaciones de tierras y pactos con los señores de Neustria; unas cuantas cartas eran de contenido personal. Pero, al poco rato, uno de los monjes que leía la correspondencia se sobresaltó y miró al rey aterrorizado.

—¿Qué ocurre? —quiso saber Carlos.

—Aquí, majestad —dijo, señalando el pergamino que tenía entre las manos—. Hay unas cartas de Desiderio de Lombardía y unas respuestas de Carlomán... Parece que el rey de Lombardía se había confabulado con vuestro hermano para derrocaros.

—¿Qué? —estalló Carlos—. ¿El padre de mi mujer Desideria? ¡Maldito sea! ¡Arrasaré sus tierras, lo cortaré en pedazos y daré de comer sus vísceras a los perros!

Los tres monjes lo miraron aterrados, viendo cómo la sombra del rey crecía en la pared de la sala. Luego, Carlos se dominó, se pasó la mano por la cabellera y musitó:

—No, no haré nada de eso —murmuró—. No puedo dejarme llevar por la ira. Sin embargo, ya que Desiderio ha roto el pacto, yo también lo haré. ¡Llamad a su hija!

Esa misma noche, Desideria de Lombardía salió con sus damas por las puertas de Thionville rumbo al sur. Había transcurrido un año y medio desde su boda con el rey, a quien apenas había visto. Unos meses después, el mismo Papa selló la nulidad del matrimonio.

No obstante, los lombardos no eran lo que más inquietaba al rey. Le preocupaba, sobre todo, la decisión de los barones sobre el futuro de los francos. Con la muerte de su hermano, la mitad del reino se había quedado sin monarca, con lo que quedaba abierta la peligrosa posibilidad de que algunos señores se declararan independientes y el reino se dividiera.

—Si hay revueltas —le confió a su consejero Bernardo—, la fortaleza del reino puede quedar debilitada y sus gentes quedarán a merced de las tribus que habitan más allá de nuestras fronteras. ¿Qué me sugerís?

El hombrecillo paseó, nervioso, por la estancia y Carlos lo siguió con la mirada. Había aprendido a esperar y a escuchar sus consejos. Se consideraba a sí mismo como alguien que necesitaba instrucción en todas las artes, incluida la política, y Bernardo había estudiado leyes en Roma. Por eso, creía que su consejo siempre era acertado.

—Creo —dijo el consejero, desgranando lentamente cada una de sus palabras— que lo mejor es plantear vuestras preocupaciones a los condes la próxima primavera en el Campo de Mayo.[9] Así dispondréis de tiempo para tantear a los más cercanos y ganar partidarios antes de que tenga lugar la reunión anual.

Carlos meditó su respuesta y se dio cuenta de que Bernardo estaba en lo cierto. Estaban a mitad del crudo invierno. El gélido viento del norte ululaba al atravesar las ventanas y las almenas. Las bestias se habían refugiado en sus cuevas y las gentes, en sus casas; los leños ardían en todas las estancias. No era el momento más indicado para convocar reuniones ni para salir a patrullar por el reino.

—Eso es lo que yo creo también —asintió Carlos—. Hay que ir siempre de frente y con la verdad por delante.

Y así pasó el invierno. Llegó el mes de mayo y, con él, la cosecha y las fiestas de verano. Entonces, los condes y otros señores de Francia y Alemania se reunieron, como cada año, en el Campo de Mayo, que ese año Carlos convocó cerca de París.

---

9. Así se llamaba el lugar itinerante en el que se convocaba a los nobles francos anualmente para celebrar su asamblea.

Unos días antes de la reunión, los siervos levantaron los pabellones. Las banderas de Neustria y Austrasia ondearon en los mástiles. Los cazadores procuraron las mejores piezas para los banquetes; los bodegueros, los mejores vinos y cervezas, y los cocineros se esmeraron para que las mesas estuvieran bien provistas de manjares.

Cientos de hombres de armas fueron llegando desde todos los puntos del vasto reino franco y montaron sus tiendas cerca de los grandes pabellones.

Así empezaron las fiestas y los encuentros entre camaradas. Los hombres se abrazaban tras meses sin verse. Bebían juntos hasta que se emborrachaban y se peleaban hasta que perdían el sentido o los dientes, para abrazarse de nuevo al día siguiente como si nada hubiera ocurrido. A pesar de que Carlos había emitido un edicto para prohibir tales excesos, sabía que era el monarca de un pueblo bárbaro y que tenía que hacer la vista gorda.

—Paciencia, mucha paciencia —se repetía mientras recorría las mesas saludando a unos y a otros—. Mi pueblo necesita mucha paciencia y yo también.

Una de esas noches, tuvo conocimiento de que los principales barones iban a reunirse en una cabaña cercana para decidir el futuro del reino. Entonces, mandó que ensillaran a su caballo, pidió a Teodorico el Cojo y su padre, el cazador Gualterio, que lo acompañaran y galopó por la espesura hasta el lugar del encuentro.

Los nobles estaban en una gran choza, cerca de un roble gigantesco. Sus guardias cuidaban de las monturas afuera y, en cuanto vieron a Carlos desmontar de su caballo, le abrieron paso para que entrara en la cabaña.

Alrededor de una hoguera, en el centro de la sala, Carlos encontró al conde Guarino, a los dos consejeros de su difunto hermano —Fulrado y Adalardo—, a Romualdo de Metz y hasta a una docena más de hombres altos, tez colorada y cabellos largos y rubios.

Al verlo entrar, no pocos se quedaron atónitos, pero Carlos hizo un gesto con la mano para calmarlos.

—He venido únicamente a parlamentar —les dijo con tranquilidad—. Sé que os habéis reunido para discutir el rumbo que debe tomar el reino de mi difunto hermano. También sé que en estos momentos dudáis sobre si es prudente dejar todo el reino en mis manos o repartirlo, y quiero que oigáis mi opinión.

Los barones asintieron gravemente y él prosiguió:

—El reino necesita unidad si queremos seguir siendo fuertes. Los lombardos se agitarán en el sur ahora que he repudiado a Desideria. Su padre no tardará en lanzar una nueva ofensiva contra los territorios del Papa. Los sajones están inquietos en el norte y los ávaros, en el este. Lo que menos necesitamos es una guerra civil entre francos. Quiero confiar en cada uno de vosotros, pero también deseo que sepáis que no pienso interferir en vuestra decisión. Así que aguardaré fuera mientras decidís.

Carlos salió de la cabaña seguido por Teodorico el Cojo, que en todo momento había estado con la mano puesta en su hacha de doble filo, y aguardó. Tras escuchar tan inteligentes palabras del joven rey, las deliberaciones fueron breves y los condes salieron de la choza. Se colocaron delante de Carlos y allí mismo hincaron una rodilla en tierra para jurarle fidelidad.

A lo largo de los dos días siguientes, se sucedieron los parlamentos, pero el asunto estaba claro y hubo pocas discusiones al respecto, porque casi todos estaban de acuerdo: Carlos debía heredar el reino de Neustria y fue coronado ese mismo día.

Al terminar tan agotadoras jornadas, Carlos decidió trasladar la corte de Thionville a Aquisgrán. Quería pasar más tiempo con sus hijos, Pipino el Jorobado y la pequeña Amaudru.

•••

Una mañana, tras despachar con algunos barones, el rey bajó al claustro de la vieja iglesia. Era una construcción que databa de la época de los romanos y se caía en pedazos. Allí encontró a varios niños jugando; junto a ellos estaba una muchachita de ojos almendrados, cabellera pelirroja y figura esbelta. Se llamaba Hildegarda y era hija de nobles. La muchacha atendía a los niños mientras sus padres se ocupaban de importantes asuntos.

Carlos se acercó a su hijo Pipino. En esos momentos, el niño jorobado intentaba seguir a los demás, que jugaban a pelota, pero no lograba alcanzarlos a causa de su deformidad. Tras varios intentos se sentó en un escalón, escondió la cabeza entre las rodillas y empezó a sollozar. Entonces, su padre fue hacia él y le acarició los rizos dorados.

—¿Qué haces? —le preguntó.

—Me aburro —dijo el niño.

—¿Quieres jugar con ellos?

Los ojos del pequeño Pipino se iluminaron y asintió con todas sus fuerzas.

—Pues, ¿a qué esperas? Sube a mis hombros y les daremos una paliza.

Entonces, Carlos se agachó, su hijo se subió a su espalda como hacía cada verano para recorrer los pastos, y se lanzaron tras la pelota.

—¡Corre, papá, corre! —chillaba el niño mientras el rey adelantaba a todos a grandes zancadas.

—¿Aún más? —preguntó resollando.

—¡Sí, sí! —reía Pipino.

La muchacha de ojos almendrados y nariz pecosa los miró riendo y les concedió el premio por llegar los primeros tras el balón. Carlos se lo agradeció y la chica besó la frente de Pipino.

Pocos días después, Carlos salió a pasear por el bosque y vio de nuevo a la muchacha cerca de la acequia real. Se acercó a ella y la invitó a acompañarlo. Durante las jornadas siguientes se repitieron los paseos por los campos junto a Hildegarda. Al ver cómo los niños la querían y cómo ella jugaba con ellos, cómo sus cabellos cobrizos iluminaban los muros de la vieja fortaleza, se fue tejiendo el tapiz del amor. A los pocos días, Carlos se había enamorado perdidamente de la sonrisa de la joven, así como de su sencillez.

Los paseos y los juegos se repitieron, hasta que un día de otoño, el rey la invitó a pasear a solas junto al río. Se sentaron en la orilla y Carlos carraspeó.

—¿Tu interior es tan bello como tu exterior? —le preguntó a bocajarro.

Hildegarda se ruborizó y bajó los ojos avergonzada.

—Me gusta pensar que sí —balbuceó.

Entonces, Carlos la tomó de la mano y la besó.

—Se... señor —dijo la joven azorada—. Sois el rey.

—¡No había caído en ello! —se rio él—. Cierto, lo soy. Y el rey necesita una esposa.

—Pe... pero yo no soy más que la humilde hija de unos granjeros.

—Tus padres son nobles —replicó Carlos.

—Si tener un caballo y una espada es ser noble, señor... —sonrió ella.

—Eso me trae sin cuidado, Hildegarda. No es la sangre que corre por tus venas lo que me ha cautivado, sino la luz de tus ojos.

Ella levantó sus dos bellas esmeraldas hacia él y lo miró de frente.

—Seguro que eso se lo diréis a muchas —repuso.

El rostro de Carlos se enturbió por un momento y se levantó del lecho del río en el que se habían sentado. Iba a añadir algo, pero Hildegarda se le adelantó:

—Perdonad —se disculpó, levantándose también—. No quería decir que...

—Está bien. Entiendo lo que dices. Pero no, no me gusta regalar los oídos de las doncellas con palabras bonitas si mi corazón no las siente. Hildegarda, quiero a mi lado un corazón joven y generoso. ¿Qué me dices?

—¿No os gusto solo porque soy bella, según dicen?

—Sois muy bella, sí —reconoció Carlos sonrojándose—. Pero, si os amo, es porque creo que vuestro interior es aún más bello.

Entonces la muchacha hizo algo inesperado. Se le acercó y comprobó que solo le llegaba a la altura de sus fuertes hombros. Luego alzó las manos, cogió la cara del rey, la atrajo hacia ella y le besó.

Regresaron con las manos unidas hasta la fortaleza y a los dos les pareció que no caminaban hacia las puertas, sino que flotaban sobre una nube dorada.

La boda de Carlos e Hildegarda fue sencilla, porque al rey le gustaban las celebraciones sin pompas ni boatos. Él vistió su capa de lana y sus pantalones frisones, y solo adornó su cuello con un collar de oro. Por su parte, ella lució un vestido trenzado de pequeñas perlas y flores amarillas. El rey prohibió las borracheras durante los días que durara la fiesta y la mayoría de sus barones hizo todo lo posible para evitarlo o, al menos, para que él no se diera cuenta.

•••

El rey ocupó los siguientes veranos en recorrer sus tierras y hacer algunas incursiones hasta Italia cuando los lombardos se agitaban. Afortunadamente, los disuadía la presencia de veinte mil jinetes francos recubiertos de hierro de la cabeza a los pies y armados hasta los dientes.

Sin embargo, era consciente de que la fuerza de las armas solo servía para retrasar los problemas durante una temporada. Había aprendido de su padre que la mejor manera de ganar una guerra es evitarla. También sabía que le faltaba experiencia y que necesitaba educación. Por eso, una mañana de verano montó en su caballo y ordenó que solo lo acompañara Teodorico el Cojo.

—¿Adónde vamos? —quiso saber su inseparable amigo.

—A buscar consejo.

—¿Consejo? —se extrañó—. ¿En los bosques?

—Así es, Teodorico. Allí vive el hombre más sabio de Alemania, fray Sturm.

—¿El compañero de fray Bonifacio?

—El mismo.

La marcha hacia el norte duró tres días. A mediodía del tercer día, llegaron a un bosque situado cerca de las fronteras. En mitad de una selva de árboles gigantes se levantaban unas cuantas chozas habitadas por aquellos que huyeron de los salvajes sajones, que habitaban más allá de las montañas.

Esas gentes habían construido una capilla rústica con algunos troncos. Estaba cubierta por un techo de paja y rematada por una cruz tosca y ennegrecida.

Aquel lugar no dejaba de ser una aldea. En lo que seguramente era la plaza, vieron a un hombre alto de barba blanca mal recortada, vestido con un hábito que en su día debía de haber sido de color castaño. A su alrededor se apiñaba una docena de niños sucios de la cabeza a los pies y pelirrojos como zanahorias. El fraile les estaba enseñando unos dibujos sobre la historia del Salvador; en cuanto oyó el ruido de los cascos de los caballos, se volvió. Al instante reconoció la larga figura que cabalgaba sobre un precioso rocín negro y sonrió.

—Parece que el rey de los francos viene a ver al viejo fray Sturm.

Luego, el religioso hizo una señal a los niños para que se fueran a jugar, se levantó de la roca en la que estaba sentado y, con dos grandes zancadas, se plantó frente al joven rey, mientras este desmontaba de su caballo.

—Buenos días, fray Sturm —le saludó Carlos—. Vengo en busca de consejo.

—Buenos días nos dé Dios. Hummm... ¿Buscas consejo, dices? Es de sabios hacerlo, sí.

—Lo sé, fray Sturm. Mi padre tenía en mucha estima a vuestro maestro, fray Bonifacio.

—Cierto. Él lo coronó años antes de morir martirizado. Si vienes a mí es porque algo inquieta tu corazón.

Carlos se sentó en una roca y le explicó:

—Así es. Me inquietan los sajones en el norte y los lombardos en el sur. Di mi palabra de proteger al Papa.

El religioso abrió las manos y observó a Carlos lentamente. Luego, puso sus manos sobre los hombros del rey y susurró:

—No te inquietes. Siempre habrá problemas. Algunos podrás solucionarlos y otros, no. Sin embargo, recuerda que eres rey y, como tal, tu modelo debe ser el Rey de Reyes, Cristo. Tu fin será crear un reino cristiano en el que los hombres convivan libres y en paz. No uses la fuerza en vano. No impartas justicia a ciegas ni valores a los hombres por sus palabras, sino por las obras que dicta su corazón. Por último, aprende a leer.

Carlos meditó lo que le decía el gigantesco fraile y después le propuso:

—¿Por qué no venís conmigo a la corte?

Fray Sturm sonrió con malicia y repuso:

—¿A la corte? Mi deber está en los campos, predicando el Evangelio entre los sajones.

—Os recompensaría. Necesito consejeros sabios.

El fraile lo miró desde sus alturas y su barrigota empezó a temblar de risa.

—¿Recompensarme? No aspiro a otra recompensa que la que obtuvo Bonifacio.

—¿Queréis morir mártir, entonces?

—No, Carlos, si no es voluntad de Dios. Aspiro al cielo.

Tras estas sabias palabras, Carlos y Teodorico el Cojo regresaron al sur. El primero, meditando sobre lo que le había dicho fray Sturm, decidido a crear un reino de paz que protegiera a los más desvalidos; el segundo, mirando hacia la espesura por si veía algún venado que les sirviera de cena.

Alarma en el norte

Año de Nuestro Señor de 772

Los años siguientes fueron plácidos para Carlos. Un año después de su sencilla boda, Hildegarda le dio un hijo, al que, siguiendo la tradición, llamaron Carlos. Llegó otro la primavera siguiente, que recibió el nombre de Carlomán. Una mañana de principios de verano, Carlos nadaba tranquilamente en los antiguos baños romanos de Aquisgrán en compañía de Teodorico el Cojo, cuando acudió a su encuentro un grupo de caballeros encabezado por su principal consejero, el pequeño Bernardo. Al verlos entrar en el recinto de la piscina, el rey se ciñó la toalla a la cintura y salió del agua.

—¿Qué os ocurre, Bernardo? ¿A qué viene esa cara tan larga? —preguntó mientras se secaba.

—Los sajones —titubeó el consejero— han arrasado una aldea, han quemado las cosechas, han profanado la iglesia y han asesinado a todos sus habitantes.

Carlos sintió que la sangre le bullía en las venas y, aunque trató de dominarse, dio tal puñetazo a una de las columnas que a poco estuvo de hacer temblar el edificio.

—¡Esos bastardos! —estalló el rey—. ¡Merecen que les demos una lección!

Sabía que esas feroces tribus se asentaban en las zonas pantanosas, más al norte de donde había encontrado a fray Sturm el año anterior. Se trataba de una raza indomable de la que se contaban las leyendas más horrorosas. El bueno de fray Bonifacio, que había coronado a su padre más de veinte años atrás, murió mártir predicando el cristianismo en ese territorio y ni uno de sus habitantes se había convertido a la fe.

Se decía que en sus bosques había un árbol parlante, Irminsul,[10] al que adoraban y que cuidaban sus brujos, a los que llamaban druidas. Por otra parte, los sajones se organizaban en forma de clanes. Elegían a sus reyes o jefes según sus cualidades personales y, tras la caída de Roma, encontraron placer en ciertas costumbres romanas, como las comidas y las joyas. No obstante, nunca abandonaron sus raíces germánicas, sobre todo, en lo relativo a sus creencias ancestrales. Por eso, Carlos veía que estos pueblos constituían una seria amenaza para implantar su reino cristiano.

—Nuestra misión debería ser conseguir sellar una alianza política con los sajones para incorporarlos al reino sin necesidad de una guerra.

—¿Lo veis posible? —quiso saber Bernardo.

—Si queréis que os diga la verdad, no. Me gustaría evitar el enfrentamiento a toda costa, pero temo que no

---

10. Según las leyendas sajonas, era un pilar de madera que ponía en comunicación el cielo con la tierra. Los sajones lo veneraban como si fuera un dios. Ese tronco simbolizaba el árbol de la vida según su mitología pagana.

será así. De cualquier modo, si no les doy un escarmiento, ocurrirá lo mismo en toda la frontera.

Así que, una semana más tarde, el rey convocó a los señores. Unos cinco mil caballeros embrazaron los escudos, cargaron las vituallas en los carros y partieron hacia el norte. Al alba del día de la partida, al ver las compañías de jinetes formados ante los muros de Aquisgrán, Carlos preguntó a Childerico, su mariscal de campo:

—¿Ha venido Enrico de Friuli?

—Sí, señor. Su bandera ondea en vuestra retaguardia.

—Bien. ¿Y Astolfo de Turingia?

—También, señor. Ved sus estandartes con el león a vuestra derecha.

—¿Y Eulogio, Ricardo y Eufrasio? ¿Romualdo de Metz?

—Todos, señor. No ha faltado ninguno.

Carlos respiró aliviado. Su reino era frágil y solo contaba con la fidelidad de los barones que se habían comprometido a servir bajo su bandera. Sabía que, si tenía su apoyo, era por el ejemplo que daba como líder: cabalgaba como el que más, no rehuía los lugares peligrosos durante la lucha y jamás les había mentido.

—Entonces, partamos —ordenó.

La hilera de soldados y su equipamiento salieron de madrugada de Aquisgrán rumbo al noreste. La marcha duró un par de semanas, durante las cuales atravesaron los bosques mientras los venados huían de aquella legión de jinetes armados. Más tarde, superaron unas abruptas colinas y se internaron en las marismas, donde fue más difícil avanzar con los carros.

Dos días después, tras superar un monte pelado como la cabeza del mismísimo diablo, divisaron a sus pies los bosques en los que habitaban las tribus sajonas. Pequeñas columnas de humo azulado ascendían al cielo aquí y allá, señalando la presencia de chozas y aldeas.

Descendieron por la ladera de la roca y se encontraron frente a un bosque denso y oscuro, como si toda la maldad del mundo habitara en su interior. Estaba formado por miles de robles y encinas centenarias que se enroscaban entre ellas como los poderosos brazos de un dios antiguo y terrible. Sin tiempo para que la retaguardia de Carlos terminara el descenso, se oyó un cuerno seguido de varios más. Acto seguido, un nutrido grupo de guerreros que embrazaban rústicos escudos y grandes mazas de piedra apareció por los lindes del bosque.

Inmediatamente, Carlos ordenó a la vanguardia de la caballería:

—¡Bajad las lanzas! ¡Embrazad los escudos! ¡Cargad! ¡Cargad!

Los cuernos resonaron por los valles, los hombres aullaron como lobos y cinco mil lanzas francas se precipitaron contra los centenares de sajones que tenían delante. Enseguida el hierro franco se mostró muy superior y los salvajes huyeron entre los árboles, perdiéndose en la espesura.

—Si no presentan batalla, golpearemos donde más les duela —dijo el rey en cuanto finalizó la breve escaramuza.

Carlos sabía que esas tribus adoraban a Irminsul, el árbol parlante que se levantaba en medio de un claro, en lo más profundo de sus bosques, y envió partidas de exploradores para que hicieran un reconocimiento. Las pesquisas no tardaron en dar frutos: se informó al rey de que al norte había un tronco gigantesco que recordaba una figura humana.

Así, Carlos, seguido por sus cinco mil jinetes, se adentró por primera vez en los fantasmagóricos bosques de Sajonia. Los árboles parecían nacidos en la noche de los tiempos. Su follaje era oscuro y daba la impresión de que entre ellos se susurraban palabras malvadas; hasta los pájaros volaban evitando aquel siniestro lugar.

No encontraron un solo sajón en dos días; al terminar el tercero y superar algunas lomas, llegaron a un claro del bosque. Entonces, al ver lo que tenían frente a ellos, no pocos guerreros tiraron de las bridas de sus caballos sin atreverse a avanzar.

En medio del claro, rodeado de docenas de altos robles, emergía un tronco que parecía un gigante. Se trataba de un árbol colosal que los sajones habían erigido allí en tiempos inmemoriales. A su alrededor se levantaban varios templos y altares de piedra. Estaba pintado de vivos colores y rematado por unos grandes ojos y una enorme boca abierta. De ambos lados del tronco salían unas ramas peladas que semejaban brazos y terminaban en unas garras.

Carlos, seguido de Teodorico el Cojo y de su padre Gualterio, detuvo su caballo a un tiro de piedra del tótem. Ante el estupor de todos, el árbol empezó a hablarles:

—¡Alejaos de nosotros! ¡Fuera! ¡Fuera, raza de víboras! ¡Estáis en el territorio sagrado de los sajones! ¡Abandonad Sajonia si no queréis regresar a vuestra patria ciegos y con la barriga llena de gusanos!

Carlos se dio cuenta de que el tótem al que adoraban los sajones no era más que un árbol seco en cuya parte posterior se abría un hueco. Pensó que por allí debía de introducirse alguien que daba instrucciones a los sajones, a la vez que los asustaba como si fuera la deidad que habitaba ese tronco.

—¡No hay nada que temer! —gritó a sus caballeros—. ¡Es solo un hombre! ¡Talad el tronco! ¡Saquead los templos e incendiad el bosque sagrado!

Al instante, Teodorico el Cojo y otros guerreros sacaron sus hachas y avanzaron hacia el tronco. Los pocos prisioneros sajones que no habían muerto durante la escaramuza los miraban atónitos. Cientos de soldados hicieron una señal contra el mal de ojo en cuanto el tronco recibió el primer hachazo y otros cientos más empezaron a mirar al cielo temiendo que se derrumbara sobre sus cabezas.

—¡Ay! ¡Ay! —se oyó una voz que procedía del interior del tronco—. ¡Deteneos, salvajes!

Al instante, un hombrecillo escuálido y de larga barba blanca salió corriendo del interior del ídolo y se perdió entre los árboles del bosque.

—¡No le disparéis! —ordenó el rey a los arqueros que le apuntaban—. Es inofensivo.

Los guerreros siguieron dando hachazos mientras el rey asistía a la breve ceremonia con ojos alegres. Al terminar, el tronco cayó sonoramente al suelo: habían destruido el más sagrado de los símbolos sajones. Al instante, joyas y miles de monedas de oro y plata rodaron por el suelo. Carlos repartió el tesoro entre los hombres y se quedó un tazón como regalo para Hildegarda.

La caída del ídolo Irminsul fue un golpe para la mayoría de los sajones, que aceptaron las condiciones de paz que les ofreció Carlos. Sin embargo, tal y como había temido al repudiar a su mujer Desideria, tras la ocupación de Sajonia tuvo que iniciar una campaña contra los lombardos de Italia.

La llamada de socorro de Roma no tardó en llegar y el rey se dispuso a formar los batallones para acudir en su defensa. Desiderio empezó a invadir el norte de Italia y Carlos debía salir a hacerle frente para cumplir con la palabra que había dado al Papa.

A su regreso a Thionville, el rey recogió a Hildegarda y a sus hijos, aumentó el número de caballeros que iban a acompañarlo hasta diez mil y se dirigió al sur. Al llegar a Ginebra dejó a su mujer y a los niños en la fortaleza del anciano Conrado el Tuerto y cruzó las montañas cercanas al monte Gran San Bernardo. Pasó cerca de la posada que había visitado casi veinte años atrás, cuando apenas era un muchacho. Pero los años habían pasado y esta vez no era el papa Esteban quien le pedía ayuda, sino su sucesor Adriano.

Dos semanas después, se derrotó a los lombardos sin problemas en una batalla que tuvo lugar en Ara Mortis. Durante el sencillo banquete de celebración de la victoria, presentaron a Carlos a los prisioneros más ilustres, entre los cuales reconoció a su cuñada Gerberga.

Gerberga, la mujer de su hermano Carlomán, había huido de Soissons y se había refugiado en Lombardía junto al rey Desiderio cuando se coronó a Carlos como rey de todos los francos. Carlos no le guardaba rencor alguno y mandó que la llevaran a su presencia mientras tenía lugar la celebración.

—No tienes nada que temer —le dijo—. Los errores de tu marido Carlomán no tienen por qué atormentarte. Toma, bebe —añadió, sirviéndole una copa de vino.

Sin embargo, ella miró al rey aterrada, creyendo que en el vino había veneno. Tampoco quería dejar a sus hijos con los soldados francos y no les quitaba la vista de encima. Carlos se dio cuenta y ordenó que se los acercaran al fuego que ardía en el centro de la estancia. Unos soldados cubrieron el suelo de paja y los niños durmieron allí durante el resto de la velada.

—Otro me hubiera envenenado —dijo ella al darse cuenta de que el vino no contenía ninguna sustancia extraña.

—Otro, quizás sí, Gerberga —sonrió él—, pero yo soy Carlos y creo que, si siembro tormentas, solo cosecharé tempestades. No es eso lo que quiero para mi reino ni para los míos.

Después, unos soldados llevaron a Desiderio y a la hija de este a su presencia. En cuanto los vio, a pesar de que ambos habían conspirado para derrocarlo, Carlos les dijo:

—No os condenaré a muerte.

Los dos prisioneros se abalanzaron a sus pies y los besaron hasta que los retiraron para llevarlos al exilio. Ambos pasaron el resto de sus días en una abadía.

Las maravillas de Roma

Año de Nuestro Señor de 774

Tras la derrota de Desiderio, Carlos fue coronado en Pavía como rey de los lombardos y por todo el pueblo se corrió la voz de que el rey franco no aniquilaba a sus enemigos, sino que les ofrecía vino y era misericordioso con ellos. Por eso lo invitaron a quedarse un tiempo entre ellos, para que impartiera justicia.

Sin embargo, él tenía ganas de conocer Roma y el papa Adriano había insistido en que lo visitara. Así que regresó al norte, recogió a Hildegarda, que estaba de nuevo encinta, y volvió al sur con la intención de pasar las Navidades en la ciudad de los papas.

Avanzaron siguiendo el curso del Ticino y tres semanas después los carros empezaron a rodar por las bien pavimentadas vías romanas. Durante esas jornadas, Carlos no salió de su asombro al contemplar las maravillosas calzadas construidas mil años antes. Admiró las opulentas villas que salpicaban el paisaje, los terrenos bien sembrados y las esculturas que adornaban las calles o los cementerios de las ciudades que atravesaban.

—Si fuéramos capaces de hacer algo así —musitó—, construiríamos un auténtico reino cristiano.

El rey y su ejército llegaron a Roma desde el norte por la vía Flaminia. A ambos lados de la antigua calzada se elevaban altos cipreses que crecían hacia el cielo como lanzas. Cuando empezaba a oscurecer tras una loma, de pronto apareció ante ellos la ciudad más grande del mundo conocido. Carlos vio miles de lucecitas junto al río y en las casas que sobresalían por sus murallas, aunque eran muchas más las que se arremolinaban junto a las puertas para darle una triunfal bienvenida. Sus habitantes, conocedores de que el compasivo rey de los francos acudía a salvar Roma, salieron a su encuentro y empezaron a lanzar flores a su paso.

Así recorrieron sus calles, seguidos por miles de antorchas y fanales que ardían a su paso. Eran tantos que parecía que aún estuvieran en pleno día. Solo faltaban los tambores, las trompetas doradas y las legiones, para que todos pensaran que un nuevo césar había llegado a Roma.

Las ruinas se levantaban a ambos lados de la grandiosa avenida y por todas partes se destacaban arcos de triunfo y gigantescas columnas con relieves que narraban las conquistas de los emperadores. Los mármoles eran de un blanco purísimo y las iglesias, grandes como fortalezas. Carlos quedó cautivado por el enorme Coliseo, que todavía mantenía intacta la mitad de las esculturas de sus ventanales.

—¡Es todo maravilloso! —exclamó.

Poco después, cruzaron el Tíber y divisaron sobre su colina la iglesia de San Pedro. Carlos quedó tan admirado que descendió de su caballo y se arrodilló para rezar.

Al terminar, montó de nuevo y su comitiva prosiguió ascendiendo hasta alcanzar la Colina Vaticana, en la que se encontraba la basílica de San Pedro. Delante de sus robustas puertas de bronce los aguardaba el mismísimo papa Adriano.

Carlos bajó de su caballo y se arrodilló ante él, mientras ordenaba a todo su séquito que hiciera lo mismo. Cientos de francos hincaron la rodilla en tierra y el Papa, emocionado, les dio su bendición.

—Si todos los reyes fueran como él... —murmuró.

Carlos no quiso aguardar al día siguiente y pidió que le abrieran las puertas de la basílica para venerar sus reliquias y que lo condujeran hasta la tumba del primer apóstol. Rezó un rato ante ella y se levantó emocionado.

Esa misma noche, le ofrecieron un banquete en las dependencias del viejo palacio de San Juan de Letrán, cerca del gran Coliseo. Antes de entrar en el recinto, indicó a su séquito:

—Caballeros, no olvidéis dónde estamos, y que somos unos pueblerinos y unos salvajes. Consideraré desleal y digno de echar a los cerdos a todo aquel que se emborrache durante estas fiestas de Pascua. ¿Entendido?

El conde Romualdo de Metz, que tenía fama de comilón y bebedor, sonrió avergonzado y dijo:

—Señor, todos nos comportaremos con respeto y, como auténticos peregrinos, nadie cometerá excesos con el vino.

Carlos, a su vez, sonrió, rogando al cielo que así fuera y entró en la sala seguido de sus hombres. Enseguida vio al pontífice Adriano en lo alto de un sitial. Mientras cruzaba el pasillo, que flanqueaban nobles romanos, obispos y cardenales, oyó un comentario despectivo de uno de ellos:

—¿Este es un rey? Debería ir vestido como tal.

Carlos se volvió hacia el invitado que había hablado y se encaró con él:

—Supongo que a Cristo no le importaba tener solo una túnica, ¿no creéis? —dijo.

El hombre se tragó sus palabras y, avergonzado, se escabulló entre los demás comensales. Luego, Carlos llegó ante el Pontífice. Este bajó por una pequeña escalinata, Carlos hizo una reverencia y el Papa lo invitó a acompañarle a la mesa.

El banquete resultó espectacular. El salón del palacio del Papa en San Juan de Letrán se había engalanado con sedas, triclinios para echarse y cientos de hachones que ardían, perfumando el ambiente con las olorosas resinas que quemaban. Docenas de músicos tocaban sus flautas y sus tamborcillos. Pero lo que más impresionó a Carlos fue un coro de chicos. Los jóvenes cantaban con tanta fruición que parecían ángeles del paraíso y se prometió que algún día contaría con algo parecido en Thionville o Aquisgrán.

Durante la cena prometió al papa Adriano que seguiría protegiendo al papado, lo que arrancó no pocos aplausos y sonrisas. Después, permaneció cuatro días con Hildegarda y sus hijos visitando la Ciudad Santa. La tarde del último día, tras hacer una breve visita a la leprosería del Tíber para entregar una generosa limosna, regresó a San Juan con el fin de despedirse del Papa.

—Quisiera pediros un favor —le dijo antes de partir.

El Papa se sorprendió un poco y arrugó el entrecejo, temiendo que Carlos quisiera ser coronado rey de Roma.

—Vos diréis. Si está en mi mano...

—Veréis —comenzó Carlos—, desde hace meses me ronda por la cabeza la idea de que mi pueblo y yo mismo necesitamos refinarnos. Apenas sabemos cantar en latín y, mucho menos, leer las Escrituras. Me iría muy bien contar con algún maestro.

El Papa suspiró con alivio y ordenó que se le facilitara un clérigo instruido. El elegido para acompañarlo y enseñarle a leer y a escribir en la corte franca fue el sacerdote Pedro de Pisa.

•••

Carlos regresó de la ciudad de los papas emocionado. La visita le había hecho meditar profundamente. Su pueblo era inculto y salvaje comparado con la capital del cristianismo. En su cabeza bullían muchos asuntos sobre el futuro y decidió salir de caza con un grupo de fieles, entre los que, como siempre, estaban Gualterio y su hijo Teodorico el Cojo.

Ante todo, debía organizar y aglutinar a las diversas regiones francas de tal manera que contaran con un único código legal. En especial, tenía que darles el alimento necesario para que dejaran de ser unas tribus que solo se diferenciaban de los sajones o de los ávaros por el hecho de que iban a misa los domingos.

Así que una tarde que caminaba cerca del río se encontró de nuevo con el anciano fray Sturm. El buen hombre estaba cortando ramas con un hacha y no dejó de hacerlo a pesar de tener al rey a pocos pasos de él.

—Nuestro pueblo es holgazán y perezoso. ¿Qué debo hacer? —le preguntó.

El anciano fraile no le respondió y Carlos regresó junto a los cazadores. Luego, a la hora de la cena, el fraile se acercó a la hoguera del rey, se sentó a su lado y compartió con los cazadores el venado asado, la miel y el pan.

—Pide a tus hombres que se retiren —le dijo Sturm en cuanto terminó de cenar.

Cuando los dos estuvieron a solas, el monje dijo al rey:

—Si tu pueblo se desmorona es por culpa de la poca preparación de quien le gobierna. Y tú tienes que predicar con el ejemplo.

Así, Carlos decidió aprender a leer para no ser un iletrado y Pedro de Pisa empezó a instruirlo.

Sin embargo, a los pocos días sus lecciones se vieron interrumpidas. La situación en el norte tras la destrucción del ídolo Irminsul no se había calmado y ningún sajón se había convertido al cristianismo de buena fe.

Empezaron a sucederse ataques a pequeñas aldeas francas de las fronteras y Carlos tomó represalias enviando tropas contra los invasores. Algunas tribus se atrevieron a hacer incursiones en Austrasia y quemaron aldeas. Los capitaneaba un jefe llamado Widukindo, que impulsó un movimiento de odio contra las nuevas creencias cristianas impuestas por los francos, organizando incursiones contra iglesias y comunidades misioneras.

Así, Carlos tuvo que regresar a las heladas e inhóspitas tierras del norte. Necesitaba controlar esas regiones para dar por concluido su proyecto de formar un gran reino. En consecuencia, apoyó la evangelización de los pueblos germanos con el fin de pacificarlos. Sin embargo, no todos los nobles aceptaron el cristianismo, como tampoco lo hizo la gente humilde.

Comenzaron nuevas sublevaciones, esta vez, apoyadas por ciertos sectores de la nobleza que no simpatizaban con la nueva religión. El apoyo de los sajones fue tan grande que la sublevación llegó hasta Frisia.[11] Si los sajones convencían a los frisios o luchaban de su lado, el proyecto de Carlos peligraría.

Entonces recordó lo que le había dicho el monje Sturm: no los conquistaría con las armas. Podría aniquilarlos, pero no convertirlos. Por eso, pensó que ofrecerles una tregua sincera sería una buena solución. Sin embargo, los sajones no la aceptaron y se vio forzado a provocar una gran diáspora, de tal modo que dispersó a las familias por distintas regiones del reino y las reemplazó por familias francas. Gracias a esta medida extrema logró sofocar las rebeliones.

Sabía que lo que había hecho no era la mejor solución, pero por el momento no tenía otra alternativa. Pacificó Italia, pero se abrió otro frente al sur, en Hispania, de donde habían llegado varias embajadas de Barcelona, astures y cántabros. Y algo se agitaba en al-Ándalus, el recién creado reino árabe del sur de Hispania.

---

11. Actuales Países Bajos.

La emboscada de Roncesvalles

Verano del año de Nuestro Señor de 778

Unas semanas después de nacer su hija Rotruda, una niña rubia como el sol de mayo, llegó a la corte, procedente de Hispania, una nueva embajada de caballeros musulmanes.[12]

Este hecho despertó mucha expectación, porque se trataba de algo nunca visto en esa región. Componían la partida una decena de jinetes revestidos con túnicas blancas como la nieve y con las cabezas cubiertas con tocados de seda. Sus armas eran de oro y sus caballos, pequeños, nerviosos y rápidos como el viento.

Los árabes del norte de Hispania querían llegar a un acuerdo con el gran señor de los francos y prevenirle de que el nuevo califa de Córboba, Abderramán, pretendía atravesar los Pirineos.

Meses antes, habían llegado a la corte nobles astures y catalanes de los condados del otro lado de los Pirineos en busca de auxilio, y Carlos sintió la responsabilidad de

---

12. Los árabes estaban divididos entre quienes seguían al violento califa de Córdoba y los que se habían afincado más al norte de Hispania y querían vivir en paz con los cristianos.

socorrer a esos pueblos cristianos asediados por el poderoso califa de Córdoba.

—Los árabes —expuso a sus consejeros y nobles— tienen un nuevo caudillo, Abderramán, que ha sido coronado como califa. Parece lógico pensar que, si no ayudamos a sus enemigos en Hispania, intentará cruzar las fronteras de los Pirineos y atacará Aquitania. Ahora que los territorios de Sajonia y Lombardía están pacificados, ha llegado el momento de echar una mano a estos pueblos.

—¿Lo habéis meditado bien, Carlos? —le preguntó su principal consejero.

—Sí, Bernardo. Si no acudimos en defensa de estas gentes, es posible que la amenaza de los árabes se extienda como un incendio y la paz de la que disfrutamos se vea en peligro.

Fue así como, a inicios del nuevo verano, Carlos y sus tropas atravesaron los Pirineos; tres semanas después, llegaron frente a los muros de la antigua Saraqusta.[13] Las murallas eran altas y sólidas, y los defensores, valientes, de modo que el asedio fue largo y sangrante para ambos bandos.

La campaña resultó más difícil de lo que Carlos había previsto. El calor de esa región era tan sofocante que parecía que cayeran antorchas de fuego del cielo en pleno día. Además, los francos tuvieron que enfrentarse a una plaga de moscas que envolvía a hombres y bestias. Tras intentar

---

13. Nombre que deriva del de la ciudad romana *Cesaraugusta,* que luego se cambió por *Zaragoza.*

asaltar la ciudad durante dos semanas, cuando llegaron noticias de que los sajones se habían rebelado al otro lado del Rin, Carlos ordenó regresar.

—Quizás estas tierras quedan demasiado lejos de las nuestras y no quiero perder ni un hombre más —explicó a sus consejeros—. Hemos hecho lo que hemos podido. Esta Marca Hispánica, así como los territorios de Girona y Barcelona, deberán ser auxiliados desde Aquitania en el futuro.

Tras una semana de marcha, los francos empezaron a cruzar los Pirineos por un paso llamado Roncesvalles. El grueso del ejército marchó a buen ritmo por ese abrupto sendero y ese mismo atardecer dejó atrás los escarpados montes pirenaicos.

Antes de que anocheciera, diez mil hombres con mil carros acamparon cerca de un río de aguas heladas al otro lado de la frontera. Atrás quedaban las agotadoras jornadas de marcha hacia Zaragoza y Pamplona para pacificar esas zonas y cumplir con su parte del trato.

Cuando la noche se les echó encima, Carlos se retiró a su tienda para leer al filósofo Boecio a la luz de un par de candiles. Lentamente, recorría con el dedo las palabras una a una y las musitaba hasta que formaban frases. Lo acompañaban los ronquidos de su fiel Teodorico el Cojo, que dormía en la antesala.

Antes del cambio de la primera guardia, cerró el libro y salió para preguntar a los guardias si había noticias de la retaguardia que seguía al grueso del ejército. Pero los quinientos soldados a caballo que cubrían la retirada, con su sobrino Roldán al frente, aún no habían llegado al río.

—Me preocupa —le confió Carlos a Childerico, el fornido germano de su guardia personal—; ya deberían haber llegado.

El hombre chasqueó la lengua y replicó:

—Estos montes son traicioneros, señor. Quizás se han extraviado.

Childerico no pudo seguir hablando, porque en ese momento el lejano lamento de un cuerno resonó por el valle. Lo hizo algunas veces más de modo lastimero hasta que, de repente, se interrumpió.

A Carlos no le gustó ese tono y mandó que los cuernos respondieran a la retaguardia, que quizás se había perdido con la caída de la noche.

—Que sigan soplando hasta que veamos sus antorchas —dijo a la guardia.

Estaba seguro de que Roldán y sus quinientos hombres podrían ver las hogueras del gran campamento cuando bajaran de los altos riscos que tenían delante. Sin embargo, ningún cuerno devolvió los avisos que les enviaban.

Carlos aguardó con el corazón en un puño cerca de una hora. Al darse cuenta de que no había rastro de la retaguardia de su sobrino, ordenó:

—Childerico, avisa a mi guardia y una compañía de jinetes. Montaremos ahora mismo y veremos qué ha ocurrido.

De nuevo sonaron los cuernos por el campamento. Varios soldados recorrieron las tiendas para despertar a la guardia del rey y doscientos jinetes montaron en sus caballos para regresar con Carlos hacia los Pirineos, bajo la fría y azulada luz de las estrellas.

Cabalgaron durante horas hasta que empezó a amanecer. La niebla que cubría los valles como un manto blanco se disipó y entonces los hombres que acompañaban al rey enmudecieron. El panorama que apareció ante sus ojos era pavoroso.

El desfiladero que habían cruzado el día anterior estaba irreconocible: era como si un gigante hubiera arrancado las rocas y las hubiera lanzado monte abajo, arrastrando abetos y castaños a su paso. Las enormes piedras habían cerrado parcialmente el angosto paso. Aquí y allá yacían las monturas, los carros de la retaguardia y docenas de jinetes francos con las corazas aplastadas.

—¡Dios mío! —se lamentó Carlos al ver ese infierno—. ¡No hemos estado aquí para defenderlos!

Se acercó a los caídos uno a uno, pero comprobó que ya ninguno respiraba. La retaguardia capitaneada por su sobrino Roldán había sido despedazada en la parte más estrecha del desfiladero pocas horas antes. La hilera de bestias y carros volcados y aplastados por las enormes rocas que habían rodado por las montañas parecía una serpiente machacada por el martillo de un herrero. Además, los atacantes habían saqueado el convoy, se habían llevado todo lo que tenía valor y habían huido sin dejar rastro.

El valiente Roldán yacía en el suelo con la espada en la mano. Ni su caballo ni el de Eginardo ni los de los demás guerreros habían servido para nada. Los vascones habían saltado por los riscos disparando flechas y atacando a los hombres malheridos por las rocas.

Dondequiera que mirara, Carlos se imaginaba a los guerreros vascones cubiertos con pieles y agarrando las grandes hachas de piedra y los martillos con los que habían destrozado a su retaguardia.

Siguieron recorriendo ese campo de muerte, dirigiéndose hacia el sendero que habían tomado los asaltantes al huir. Allí, junto a unas rocas, Carlos vio brillar algo. Era un cuerno de plata y marfil bellamente labrado que los vascones no se habían llevado y que el rey reconoció enseguida, pues se trataba del olifante[14] de su sobrino Roldán. Probablemente era el mismo que había oído horas antes, cuando estaba en su tienda junto al río, al otro lado de las montañas. El mismo que había hecho sonar Roldán para advertirles del peligro. Tomó el gran cuerno entre sus manos y mandó sepultar a los valientes allí mismo.

Sus hombres enterraron a los caídos, levantaron una cruz de piedra sobre el túmulo de piedras y regresaron, apenados, al campamento. Carlos guardó el gran cuerno de Roncesvalles en un arcón junto al estandarte real, para no olvidar que la imprudencia es una mala aliada de un buen gobernante.

—He sido un imprudente y un orgulloso al creer que algo así no podía ocurrir. Esto no volverá a suceder. He tentado a Dios y, por mi culpa, han fallecido quinientos valientes.

El camino de regreso a Alemania fue triste, pero los francos no pudieron lamentarse mucho porque algo peor

---

14. Un olifante es un instrumento de viento generalmente tallado en el colmillo de un elefante. Lo usaban los caballeros durante la Edad Media, haciéndolo sonar durante las cargas de caballería o para avisar de algún peligro a sus compañeros. Aunque habitualmente se le denomina cuerno, se trata en realidad de un colmillo.

estaba por llegar. Mientras atravesaban Aquitania, observaron que los campos estaban resecos y que ese verano la cosecha apenas había crecido, pues casi no había llovido. A finales de septiembre, después de vadear los Alpes por la cuenca del Rin, Carlos se dio cuenta de que la situación en el país era más que desesperada.

Durante su ausencia, Hildegarda había dado a luz a unos gemelos, a los que llamaron Luis y Lotario. Pero a esa alegría pronto se le unió la tristeza de la hambruna que asolaba el reino. Su mujer le contó que, mientras él permanecía en Hispania, una terrible sequía había castigado a todo el país.

—Es horrible, Carlos. Las gentes han acabado sus reservas de harina y grano.

—¿Desde cuándo estamos así?

—Desde hace un mes.

—¿Y Enobardo no ha hecho nada?

—Lo que ha podido. No te enojes con él. Algunos barones no han respondido a sus requerimientos y no han enviado grano.

—¿Eso ha sucedido?

Antes de que Carlos se enfadara con sus nobles, Hildegarda prosiguió, contándole las penurias por las que atravesaba el pueblo. Al oír que las madres recogían las bellotas de los cerdos y se las daban a sus hijos, su corazón tembló. No había llovido en tres meses, lo que significaba que no se había cosechado grano, que no había ni trigo ni cebada para moler, y que no habría pan ni hortalizas.

Al día siguiente, el rey ordenó que se repartiera la harina, los quesos y cuanto de comestible hubiera en las despensas reales entre los huérfanos, las viudas y los heridos, pues a todos ellos había puesto el rey bajo su manto. Mandó que se pusieran a disposición de los pobres los graneros reales y que se hornearan panes tiernos cada día.

Luego salió a patrullar por las aldeas para comprobar por sí mismo el alcance de la tragedia. No le gustaba quedarse tras los muros esperando a que sus consejeros o enviados le detallaran lo que ocurría en el reino. De este modo, pudo ver que las gentes estaban delgadas y ojerosas, y que la remolacha, los nabos y las cebollas crecían raquíticas en los huertos. Quedaba poco para que llegara la estación fría y con ella, las nevadas.

Las semanas se sucedieron sin que hubiera ninguna mejoría. Mientras tanto, Carlos sufría al ver a su pueblo; no había mañana que no bajara a la ciudad o cabalgara hasta las aldeas para ver qué podía hacer. Ya había repartido casi todo el grano que se guardaba en los graneros reales y, con él, los quesos, la carne salada y los sacos de cebollas.

Unas semanas después, a finales de otoño, la situación se volvió insostenible. Apenas quedaban unos sacos en los graneros y a diario llegaban a Thionville personas que pedían alimentos. Los niños estaban desnutridos y por los caminos solo circulaban carretas que se dirigían al cementerio. A finales del mes de noviembre, con la llegada de las primeras nieves, la solución no podía tardar más en llegar.

—No sé cuánto durará el grano —le confió Enobardo, el encargado de las provisiones reales.

—No podemos alimentarnos con raíces —suspiró Carlos—, pero no moriremos de hambre. Tratad de racionar todo lo posible y aguardad mi regreso.

El padre de Europa

Luego se despidió de Hildegarda y de sus hijos, y llamó a su guardia personal. Montaron en sus caballos sin apenas provisiones y salieron al galope para recorrer las comarcas en busca de comida para su pueblo.

•••

El aguacero que caía desde hacía días en Alemania había anegado los caminos y los valles hasta hacerlos impracticables. Los caballos avanzaban hundiéndose en el barro, que les llegaba al vientre. Los hombres estaban calados hasta los huesos, pero ninguno se quejaba, pues el rey iba al frente con la mirada serena y los bigotes perlados de gotas de agua.

Doscientos jinetes llevaban seis días patrullando las regiones en busca de comida. Poco a poco, los carros se fueron llenado de harina, tubérculos y hortalizas. Sin embargo, no eran suficientes para paliar el hambre de las regiones más castigadas, por lo que Carlos decidió poner rumbo al oeste.

Atravesaron regiones muy empobrecidas, en las que los cuervos y los buitres sobrevolaban las chozas. A su paso se entreabrían algunas puertas, por las que asomaban rostros macilentos. Algunos estaban desfigurados y todos, ojerosos.

Las madres no tenían qué dar de comer a sus hijos desnutridos; lo único que podían hacer era apretarlos contra su pecho. Los padres mostraban la mirada perdida, viendo que el grano se había secado y que las hortalizas habían muerto antes de ser comestibles. Algunos cogían puñados de tierra y lloraban sobre ella; otros salían a los pastos y bosques para arrancar raíces o matar una liebre con la que llenar los estómagos.

Durante tres semanas, Carlos y su partida de caballeros fueron castillo por castillo y aldea por aldea ordenando a los señores que les entregaran grano para las zonas más empobrecidas. Un día llegaron frente a los muros de Metz; su señor no quiso abrir las puertas y se asomó a las murallas en silencio.

—Romualdo, Romualdo —se quejó Carlos con una mueca al verlo impasible entre las almenas—, siempre has sido bastante tacaño, pero creo que deberías recapacitar...

—¡No es tacañería, sino prudencia, mi señor! —chilló el noble desde la torre de guardia—. Si os damos el grano, ¿cómo vamos a subsistir?

—¿Por eso no me abres las puertas, patán? —le preguntó el rey armándose de paciencia.

—Si os las abro, me quitaréis el grano.

—¿Alguna vez has dejado de comer, Romualdo? ¿Alguna vez, yendo conmigo de campaña, te ha faltado un buen venado o una hogaza de pan tierno?

—¡Nunca, señor!

—¡Pues abre de una vez, maldita sea! De lo contrario, arrasaré tus cosechas y tus sembrados. Derruiré tus molinos y los muros de tu castillo hasta reducirlos a cenizas si no me entregas lo necesario para alimentar al pueblo.

Al oír tan claras y rotundas palabras de su rey, el señor de Metz abrió las puertas de sus graneros de par en par. Carlos tomó lo que precisaba y dejó el resto para que subsistieran hasta la llegada de la siguiente cosecha.

El padre de Europa

Los caballeros francos sacaron de la fortaleza doce sacos de grano, nabos, cebollas y quesos, además de carne salada; de su fiel Aquisgrán consiguió veinte sacos de grano de cebada y mijo; de Colonia, veinte más. Hizo lo mismo en Ratisbona, el monasterio de Fulda y en cuantas fortalezas visitó.

Al igual que había ocurrido en Metz, algún barón más se negó a obedecerlo y el rey lo convenció con las mismas razones que persuadieron al señor de Metz. Al cabo de tres semanas, una caravana de carros repletos de comida regresó a las zonas más desgraciadas del reino.

Pocos días más tarde, cuando las vituallas en Thionville estaban al límite y quedaban pocos sacos en el granero, los cuernos anunciaron la llegada del rey con carros repletos de víveres.

Su llegada se celebró por todo lo alto. Esa noche se asaron las carnes en el patio del castillo, se llenaron las despensas y todos comieron hasta quedar satisfechos. Las gentes se acercaban a la mesa del rey y, llorosas, besaban sus manos, bendiciendo a la madre que lo había traído al mundo.

Carlos había sido osado, generoso y lo había dado todo por su pueblo. Él mismo perdió bastante peso con la hambruna y todo aquello, los peligros a los que había expuesto a su pueblo a causa de su falta de previsión, le confirmaron que necesitaba maestros que le enseñaran a organizar un pueblo tan numeroso y disperso. Por eso preguntó qué sabios podían ir hasta sus tierras para enseñarle. Todos aquellos a los que preguntó le señalaron en una misma dirección: Italia.

Durante la cena en la que se celebró su regreso y en los días siguientes, Hildegarda confesó a Carlos que era muy molesto para ella y sus hijos Luis, Lotario, Carlos, Carlomán y Rotruda seguir a la corte de acá para allá.

—Necesitamos un lugar en el que establecernos. Nuestros hijos no pueden estar vagando detrás de los soldados o jugando entre montones de estiércol.

Tanto insistió ella, que Carlos le prometió que establecería la capital en Aquisgrán en cuanto fuera posible y que allí, cerca de las antiguas termas, construiría un palacio y una capilla como las que habían admirado en Italia.

Pero esa no era su principal preocupación. No dejaba de pensar en lo que le había dicho tantas veces fray Sturm y en lo que él ya había comprobado por sí mismo. Italia, otra vez Italia; quizás Dios quería que regresara al sur. Puede que allí, cerca de Roma, estuvieran las respuestas a sus interrogantes.

Quería ir a Italia para ver cómo seguían los asuntos allí, pero también deseaba contentar a Hildegarda, a quien había dado su palabra. Así, ordenó que se buscara al mejor arquitecto de Alemania, que resultó ser un vasallo de Romualdo de Metz, aquel barón que en su momento puso reparos para abrir sus graneros y ayudar a combatir la hambruna del pueblo. Cuando Carlos le escribió para solicitar al maestro de obras, el señor le envió a Thionville un hombrecillo llamado Odón.

—Quiero que diseñes y construyas una iglesia y un palacio como los que he visto en Italia —le dijo—. Rávena tiene dos iglesias muy bonitas y quiero edificar algo semejante para honrar al Creador.

Carlomagno

CUADERNO DOCUMENTAL

¿Quién era Carlomagno?

El monje medieval Eginardo entró en la escuela de Aquisgrán hacia 791, y conoció al rey y a sus hijos. Hacia 830 escribió la *Vita Karoli Magni* (*Vida de Carlomagno*), primera biografía sobre Carlomagno.

Carlos I el Grande, Carlomagno, rey de los francos y de los lombardos, y emperador de Occidente, probablemente nació en el año 742 y murió en Aquisgrán en 814, pocos años después de su coronación como emperador.

Carlomagno promovió una política expansionista del reino franco por Europa Central y Occidental, impulsó la cultura y las artes latinas, y mantuvo una fuerte alianza con el papado. Todo esto le permitió establecer una identidad europea común, por lo que posteriormente se le conoció como el padre de Europa.

Pipino el Breve, padre de Carlomagno, fue nombrado rey de los francos en 751 tras derrocar a la dinastía merovingia encabezada por Childerico III.

Bertrada de Laon, madre de Carlomagno.

Europa en el siglo VIII

Tras el declive del Imperio romano de Occidente en el siglo v, Europa vivió una época muy convulsa, la Alta Edad Media, caracterizada por la desunión y el enfrentamiento entre sus distintos pueblos, la crisis económica y social, la escasez de documentos escritos y la fragilidad de las rutas comerciales.

Batalla de Poitiers (732). Carlos Martel venció a los árabes. Miniatura del siglo XIV perteneciente a las *Grandes crónicas de Francia*.

En el año 711, los musulmanes invadieron Hispania y conquistaron los distintos reinos visigodos del territorio, en los que permanecieron durante ocho siglos. En el siglo VIII avanzaron por la península Ibérica hasta cruzar los Pirineos, donde el abuelo de Carlomagno, Carlos Martel, los derrotó en la batalla de Poitiers en 732.

Abd al-Rahman I (731-788) funda el emirato de Córdoba en 756.

Arte islámico del siglo VIII. Puerta de los visires de la mezquita de Córdoba.

Reino de los francos
Conquistas de Carlomagno

OCÉANO ATLÁNTICO

NEUSTRIA
No
París
Tours
Poitiers
AQUITANIA

REINOS CRISTIANOS
Roncesvalles
BURGUNDIA
MARCA HISPÁNICA
Zaragoza
Girona
Barcelona
AL-ÁNDALUS

MAR MEDITER

y sus principales ciudades

FRISIA

SAJONIA

quisgrán

AUSTRASIA

Fulda

sons

Worms

Metz Thionville

CAROLINGIO

BOHEMIA

MORAVIA

CARINTIA

ÁVAROS

Pavía

LOMBARDÍA

ESTADOS
PAPALES

CROACIA

Roma

IMPERIO BIZANTINO

Los francos y los sajones

Los francos

Ya desde el reinado de Pipino el Breve, los francos mantuvieron una estrecha relación con el papado. Carlomagno consolidó la política de alianzas con el Papa y prestó ayuda a los tres pontífices que se sucedieron durante su reinado: Esteban III, Adriano I y León III.

El papa Adriano I en un encuentro con Carlomagno, según el relato de las *Grandes crónicas de Francia*.

Los sajones

Tras varias batallas que se sucedieron entre 772 y 804, los sajones fueron finalmente sometidos por los francos. Durante esos años, Carlomagno logró expandir el reino de los francos hacia el territorio germano, al norte, y llevar el cristianismo a los pueblos sajones.

Rendición del líder sajón Widukindo y su pueblo ante Carlomagno.

En el año 772, Carlomagno hizo talar el tronco Irminsul, que los sajones idolatraban como si fuera una divinidad.

Roncesvalles y el *Cantar de Roldán*

Roncesvalles, en Navarra, fue el escenario de la batalla en la que el caballero Roldán y sus tropas, que formaban la retaguardia del ejército franco, sufrieron una emboscada y murieron probablemente a manos de los vascones, aunque existen otras hipótesis.

Roldán pidió auxilio a Carlomagno alertándolo con su olifante, pero el rey no pudo salvarlos. Los caballeros medievales utilizaban los olifantes haciéndolos sonar como señal de aviso.

Siglos después, la derrota de Roldán se adaptó y se convirtió en leyenda hasta el punto de que, por ejemplo, los atacante eran sarracenos, de lo cual no había certeza. Este argumento se recopiló en un cantar de gesta francés de finales del siglo XI, *La chanson de Roland*.

El renacimiento carolingio

Se conoce con este nombre al resurgimiento cultural que se impulsó en la corte de Carlomagno. Tras la caída del Imperio romano de Occidente, las artes y las letras vivieron una etapa oscura a causa de las invasiones de pueblos bárbaros iletrados. Carlomagno estuvo especialmente interesado en que su pueblo adquiriera conocimientos y cultura. Con este fin, impulsó nuevas escuelas, talleres de arte, etc., e incluso creó un nuevo tipo de letra, llamada minúscula carolingia.

Caracterización de Carlomagno con algunos estudiantes de la escuela palatina de Aquisgrán.

Durante el reinado de Carlomagno, se empleó el latín y se redactaron nuevas leyes. Uno de los principales centros culturales de la época fue la escuela palatina de Aquisgrán, de la que salieron docenas de manuscritos bellamente decorados con miniaturas, que recuperaron muchos textos de la Antigüedad.

Peón de ajedrez de Carlomagno que representa a un guerrero franco.

Estatuilla ecuestre de Carlomagno.

El palacio y la catedral

La ciudad de Aquisgrán (en alemán, *Aachen)*, situada en la región alemana de Renania del Norte-Westfalia, fue el centro del poder político de los francos y el lugar que Carlomagno escogió para edificar la residencia permanente de la corte carolingia.

Carlomagno visita las obras de construcción del palacio de Aquisgrán en el año 796. Odón de Metz fue el arquitecto encargado de diseñar el complejo arquitectónico de Aquisgrán.

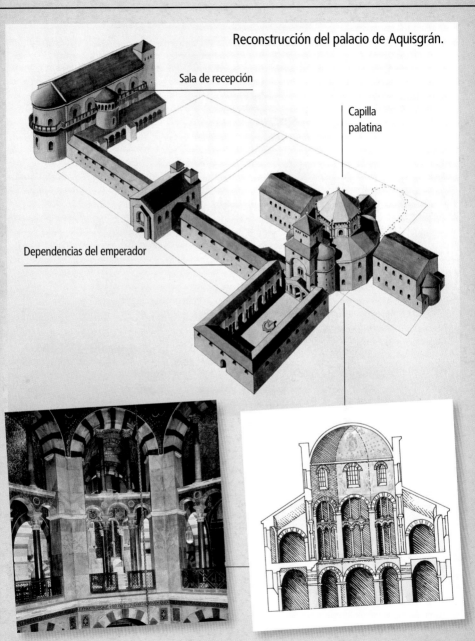

Reconstrucción del palacio de Aquisgrán.

Sala de recepción

Capilla palatina

Dependencias del emperador

Interior de la capilla palatina de Carlomagno en Aquisgrán.

Plano de la capilla palatina.

Personajes relevantes

Carlos Martel (686-741)

Mayordomo o senescal del reino de Austrasia desde el año 715. Abuelo de Carlomagno, logró pacificar los territorios de Francia y Alemania, y venció a los árabes que habían atravesado los Pirineos para continuar con su conquista en la batalla de Poitiers (732). Fundó la dinastía carolingia y su hijo, Pipino el Breve, se convirtió en el primer rey de esta.

Papa Adriano I

Fue Papa entre los años 772 y 795. Tuvo que hacer frente a las invasiones del rey de los lombardos, Desiderio, y acudió en busca de auxilio a la corte de Carlomagno, igual que había hecho su predecesor Esteban. El rey de los francos entró en Italia en 773 al frente de un numeroso ejército y pacificó los territorios.

en la vida de Carlomagno

Alcuino de York (735-804)

Sabio monje de origen inglés que entró al servicio de Carlomagno hacia el año 781. Sirvió al monarca durante años en la escuela palatina de Aquisgrán y como consejero personal, ayudándolo a organizar el reino. Hacia el año 796 se retiró como abad del monasterio de San Martín de Tours. Impulsó los conocimientos del reino de los francos y el llamado renacimiento carolingio.

Papa León III

Fue Papa entre los años 795 y 816. Tras su nombramiento, envió a Carlomagno una carta con las llaves de Roma y sus banderas, poniéndose bajo su protección. Al pertenecer a una familia humilde, no contaba con el apoyo de los patricios de Roma, que atentaron contra su vida en 799, de modo que pidió auxilio al rey de los francos. Carlos se personó en Roma para escuchar, como juez, los argumentos del Papa y de sus opositores. Se absolvió al Pontífice de sus cargos y dos días después, el rey de los francos fue nombrado emperador.

742

Nace Carlomagno el 2 de abril, probablemente en Aquisgrán. Hijo del rey franco Pipino el Breve y de Bertrada de Laon.

754

Comienza a acompañar a su padre en diversas campañas militares, como la conquista de Aquitania y la invasión de Italia, para apoyar al papa Esteban II frente a los lombardos.

768

Tras la muerte de Pipino, el reino franco queda repartido entre sus dos hijos: Carlomagno pasa a reinar en los territorios de Neustria, Austrasia y el occidente de Aquitania. Su hermano Carlomán lo hace en Borgoña, Provenza y el oriente de Aquitania.

770

Se casa con la hija del rey lombardo Desiderio, a quien, poco después, repudia por traición.

771

Fallece su hermano Carlomán. Carlomagno se convierte en rey de todos los francos.

772

El papa Adriano I solicita su ayuda frente a los lombardos.

774

Derrota a Desiderio y se convierte en rey de los lombardos. El papa Adriano I le declara protector de Roma.

la vida de Carlomagno

775

Inicia una campaña para conquistar y cristianizar a los sajones.

778

Combate a los musulmanes en la península Ibérica. Tras retirarse y perder la retaguardia en Roncesvalles, crea el territorio fronterizo denominado Marca Hispánica.

796

Conquista el territorio ávaro. Convierte Aquisgrán en la capital de su Imperio y asienta definitivamente su corte en ella.

800

El día de Navidad el papa León III le corona en la basílica de San Pedro en Roma emperador de los romanos.

812

El emperador de Oriente (Imperio bizantino), Miguel I, le reconoce como emperador de Occidente.

813

Tras la muerte de sus hijos Carlos y Carlomán, designa como sucesor a su hijo Luis y le corona personalmente.

814

Fallece el 28 de enero en Aquisgrán. Es enterrado en su capilla palatina.

Coronación de Carlomagno como emperador

El día de Navidad del año 800, el papa León III coronó a Carlomagno como emperador en Roma. El rey había llegado a la ciudad unos meses antes para intervenir a favor del Papa, al que los romanos habían atacado. Después de que se absolviera a León III de los cargos que pesaban contra él, Carlomagno fue coronado en la basílica de San Pedro durante la misa de Navidad. Carlomagno murió el 28 de enero de 814 y fue enterrado en la capilla palatina de Aquisgrán. Luis el Piadoso, o Ludovico Pío, fue el único hijo varón que le sobrevivió. Le sucedió como emperador del Imperio carolingio.

Representación del tratado de Verdún (843), por el cual los tres hijos de Luis el Piadoso se repartieron los territorios del Imperio carolingio. En la práctica, este reparto supuso la desintegración del Imperio.

El padre de Europa

A la mañana siguiente, Odón de Metz se marchó a Aquisgrán para determinar el lugar en el que construir los edificios.

—Regresa dentro de dos semanas —le ordenó Carlos—. Partiremos a Italia y copiarás las iglesias que tanto me han gustado.

Por fin, un buen maestro

Italia. Año de Nuestro Señor de 781

Una vez que se palió el hambre en el reino y que se encargaron las nuevas obras a Odón, Carlos volvió sus ojos hacia Italia para comprobar que la paz que se había firmado años antes era duradera.

Atravesó los Alpes, recorrió Lombardía y bajó hasta Parma, donde despidió a Odón, que partió hacia Rávena para inspirarse en sus edificios.

—Copia cada estructura y cada escultura —le dijo al despedirlo—. Quiero la mejor iglesia de la cristiandad en Aquisgrán.

Mientras el arquitecto partía hacia el oeste, acompañado por tres guardias, él y su escolta se dirigieron hacia la abadía de Parma para hospedarse en ella.

La primera noche que pasó entre los monjes y, tras haber cenado en su compañía, oyó unos horribles gemidos tras las puertas de una celda.

—¿Quién se lamenta de esa manera? —se extrañó.

—Es un britano —le respondió el benedictino que lo acompañaba—, un fraile llamado Alcuino, de York. Un sabio, si os interesa mi opinión. Dicen de él que es un pozo de sabiduría.

—¿Ah, sí? —preguntó Carlos con interés.

El rey llamó a la puerta de la celda y una voz lastimera le indicó que pasara. Abrió y al instante le invadió un fuerte olor a hierbabuena y tomillo, con los que los monjes trataban al enfermo.

La estancia era minúscula. A un lado había una pequeña ventana y al otro, una sólida mesa repleta de libros y pergaminos, en un rincón ardía un brasero.

El enfermo estaba echado en la cama, cubierto por un montón de mantas. Tenía la nariz roja, un pañuelo en una mano y un rollo de pergamino en la otra. Era como los celtas de las islas situadas más allá de Normandía que Carlos había conocido. Su piel era blanca como la leche y su cabello, del color de la paja, corto y ensortijado. Pero ese hombre tenía ojos de halcón y una pequeña cicatriz en el mentón mal afeitado.

—Pasad y ved lo poco que queda de mí —le saludó el enfermo cuando Carlos abrió la puerta.

—Ya lo veo —sonrió él.

—¿Y no os muevo a compasión?

—Mucha. Estoy a punto de derramar lágrimas por vos.

—¿Os reís? —se quejó el britano—. Acercadme esa jofaina de agua caliente, hacedme el favor.

Carlos hizo lo que le pedía y el hombre se bebió la infusión de un sorbo. Luego miró al recién llegado con interés y le preguntó:

—¿Quién sois, a todo esto? Os veo demasiado alto y

rubio para ser italiano y vuestro acento es del norte, muy del norte.

—Sois inteligente —sonrió Carlos—. En efecto, vengo de muy al norte y mi nombre es Carlos. Soy el rey de los francos.

—¿El mismo Carlos, el hijo de Pipino el Breve? —se sorprendió el fraile—. He oído hablar de vos. Perdonad que no me levante. Me veo condenado a pasar mis últimos días en este monasterio.

—Sois joven y creo que exageráis un poco —se rio Carlos.

—¿Joven? —se extrañó el enfermo.

—¿Qué edad tenéis?

—Treinta y seis. Soy un anciano.

De nuevo Carlos se echó a reír con ganas.

—Tenéis sentido del humor. Algo que aprecio.

—Un buen catarro es lo que tiene —susurró a Carlos el monje que lo acompañaba—. Su vida no corre peligro.

—¿Decís que queríais conocerme? —prosiguió el monje llamado Alcuino.

—Exacto. Este monje me ha hablado de vos. Dice que sois un estudioso. Necesito a personas como vos en mi reino. Pensad que podría nombraros abad de un par de monasterios. Quiero fundar una escuela.

El britano pareció meditar durante unos instantes y luego quiso saber:

—¿Tenéis buen clima en vuestra tierra?

—El mejor. Yo jamás me resfrío —respondió Carlos.

—Eso no quiere decir que el clima sea suave. Pero está bien; si me recupero, os acompañaré.

—¿Tengo vuestra palabra?

El monje britano se acarició, pensativo, la barbilla y luego asintió.

—La tenéis.

—Entonces seréis recompensado: os nombraré bibliotecario de Aquisgrán.

—Eso suena muy bien —señaló el fraile ilusionado—. ¿Con cuántos volúmenes cuenta vuestra bien nutrida biblioteca?

Carlos abrió los ojos sorprendido y prorrumpió en una carcajada que se oyó en todo el viejo monasterio.

—Con ninguno, fray Alcuino. Para eso os quiero. Recordad que tengo vuestra palabra. Partiremos mañana al amanecer.

—Pe... pero —titubeó el enfermo—. ¿No veis en qué estado me encuentro?

—No hay nada que el aire limpio de la mañana no pueda curar.

El monje abrió tanto los ojos, que parecían los ventanales de la iglesia de Parma, pero no pudo decir nada porque estornudó y Carlos aprovechó ese momento para cerrar la puerta de la celda.

•••

Durante las semanas siguientes, mientras patrullaban por tierras de Italia, fray Alcuino enseñó a Carlos todo lo que le interesaba. Entre estornudo y estornudo le instruyó sobre los pueblos vecinos, las virtudes de los gobernantes y la historia de la Iglesia.

El padre de Europa

Una vez que acabó la inspección de los territorios de Lombardía, Carlos puso rumbo a los Alpes. Al llegar a Alemania, se detuvo un par de días en el monasterio de Prüm para visitar a su madre, Bertrada de Laon. La anciana se había retirado a esa abadía, donde se dedicaba a incrementar las reservas de grano para poder hacer frente a una nueva hambruna en el reino.

Una semana después llegaron a Aquisgrán, lo que para Carlos significaba llegar a su hogar y para Alcuino, a un villorrio elevado alrededor de una antigua fortaleza. Pudo ver que se estaban llevando a cabo las obras de lo que iba a ser un palacio.

El lugar estaba rodeado de grandes bosques y de un río caudaloso que se curvaba perdiéndose entre robles y castaños. Rebaños de vacas bebían de sus aguas y docenas de niños jugaban en los prados. De las chimeneas de las herrerías salía un humo negro y espeso, pero lo que dejó a Alcuino consternado fue el hecho de que todos los habitantes se envolvieran en gruesas capas de lana.

—¡Pues sí que es un clima benigno! —se quejó al tiempo que se echaba la capucha por encima de la cabeza cuando empezó a lloviznar.

La noche de su llegada, Carlos le presentó a Hildegarda y a sus hijos; Alcuino empezaría a enseñar las letras a los mayores. Los puso uno al lado del otro, empezando por Pipino y terminando por la pequeña Rotruda.

—Los gemelos, Luis y Lotario —le explicó Carlos—, aún son demasiado pequeños y corretean por los jardines. Pero id con cuidado, porque algún día los encontraréis bajo vuestro hábito.

Luego, junto al rey, recorrió las medio empezadas estancias del nuevo palacio.

—Antes de que os encontrara en Parma, envié a mi arquitecto a Rávena para copiar sus edificios. Quiero levantar una capilla como las que vi allí. ¿Veis esa plaza? —dijo, señalando un lodazal en el que hozaban unos puercos—. Pues ahí se levantará la iglesia.

—Habéis hecho una sabia elección —dijo Alcuino, que no sabía si creerlo o salir corriendo—. ¿Y decís que aquí queréis fundar una escuela en la que se enseñen todas las artes?

Carlos captó la ironía de fray Alcuino y sonrió.

—Tened paciencia. Roma no se construyó en dos días. La ignorancia es más peligrosa que una espada —dijo al agachar la cabeza para pasar por debajo de unos andamios—. Por eso os he hecho venir.

—Eso es verdad, aunque, a veces, una lengua afilada puede ser igual de peligrosa.

Carlos pensó en el significado de lo que acababa de oír y se dio cuenta de que había acertado al escoger al britano para que lo instruyera. Siguieron recorriendo la edificación hasta que llegaron a lo que Carlos llamó su biblioteca. Se trataba de una sala alargada y sin ventanas. Sus paredes llegaban hasta unos grandes arcos que los albañiles estaban terminando de enyesar.

—¡Hace un frío horroroso! —exclamó Alcuino al entrar—. ¡Y yo, que abandoné mi isla buscando el sol del sur!

—Traed unos braseros y diez quintales de leña para el buen fraile —ordenó Carlos a los obreros—. No quiero que fray Alcuino muera congelado este invierno.

El padre de Europa

—Eso es empezar con buen pie —batió palmas el monje—. Lo primero que haremos será pedir a los monasterios cuantos libros tengan y empezaremos a copiarlos. Habrá que poner a trabajar enseguida a los escribientes. ¿Contáis con ellos?

—Con uno.

—¿U... uno? —titubeó el britano—. Entonces, empezaremos con él.

—Eso es imposible. Está redactando las cartas de la cancillería.

Alcuino de York pareció contrariado y preguntó:

—¿Y cómo queréis que organice una biblioteca sin amanuenses que escriban, sin ventanas y sin libros?

—Para eso os he traído, Alcuino. Si vos no estuvierais aquí, lo haría yo mismo.

El monje se dio cuenta de que el rey poseía un sentido práctico apabullante y no dijo nada más.

Las clases empezaron al día siguiente, a las nueve de la mañana. Fray Alcuino llegó a la helada estancia de lo que algún día sería la biblioteca y se encontró con cinco alumnos sentados a una larga mesa. Entre ellos vio, extrañado, al mismísimo rey, que ocupaba su silla junto a una preciosa niña rubia y a un niño también muy guapo, pero jorobado.

—¡Ah! Ya estáis aquí —le saludó Carlos mientras empuñaba, ilusionado, un estilete para escribir sobre una tablilla de cera—. ¿Empezamos?

—Pero... ¿vos? ¿Qué hacéis aquí? —se admiró el inglés.

—Asisto a clase.

—¿Con los niños?

—¿Veis algún inconveniente?

—No, no..., ninguno —titubeó el fraile.

—Me gusta predicar con el ejemplo, Alcuino.

La clase comenzó con un repaso del abecedario. Al terminar, el maestro ordenó a sus cinco alumnos que lo escribieran en la tablilla. Así estuvieron un buen rato, hasta que se oyó la voz infantil de una de las niñas:

—Eso que has dibujado parece un caracol, padre.

—¿Un caracol? —preguntó el rey enfurruñado—. ¡Es una e! ¿No se ve bien?

—Es un caracol —repitió la menor de sus hijas para hacerle rabiar.

—Grrr...

Carlos no tenía destreza con las manos y su hijo Pipino el Jorobado lo ayudaba a hacer las curvas de las aes y de las es.

El rey trabajaba sin descanso y, aunque a veces tenía que ausentarse de la biblioteca para acudir a reuniones o atender asuntos de Estado, progresaba lentamente. Cuando lograba descifrar alguna palabra, batía palmas emocionado y sus hijos, con él.

Otras veces se enfadaba por su torpeza, rompía el estilete con el que escribía y se enojaba.

—¡Soy un desastre, un completo desastre!

—Roma no se construyó en dos días —murmuraba entonces Alcuino, levantando la vista de los pergaminos que leía.

—Tenéis razón —sonreía el rey—; pásame otro estilete, Rotruda. A ver si esta vez lo hago mejor.

Alcuino estaba admirado del tesón del rey y de su entusiasmo, no solo con la lectura y la escritura, sino también con todo lo que afectara a su pueblo, ya fueran unos cerdos extraviados o un tratado con los sajones del norte, que parecían apaciguados.

El rey se esforzaba también en la pronunciación del latín, porque Alcuino le había dicho que algunas palabras eran peligrosas si se confundía una sola letra.

—Tened en cuenta —le explicaba— que si entráis en una iglesia y decís «qué preciosidad de *hara*» en lugar de *ara*, los frailes se molestarán mucho.

—¿Por qué?

—Porque *hara* significa 'pocilga' y *ara*, 'altar'.

Esos chistes hacían que el rey riera a carcajadas y su cara se pusiera roja. A veces, daba al britano unos manotazos de camaradería que parecía que fueran a partirle la columna vertebral. Pero Alcuino era feliz entre los francos. Le costó unos meses familiarizarse con su lengua pero, cuando lo consiguió, disfrutaba con los banquetes y las largas veladas en las que su señor escuchaba cuanto le contaba.

A los pocos meses, el monje mandó llamar a otros frailes de más allá de las fronteras y empezó a enseñar a otros niños y nobles. También ordenó buscar Biblias, así como también obras antiguas de griegos y romanos, que los copistas empezaron a copiar con letras historiadas[15] y muchos colores.

---

15. La letras historiadas eran las letras iniciales de un manuscrito que habitualmente se adornaban con animales o motivos florales.

Las sesiones en la futura biblioteca se multiplicaron por la mañana y por la tarde. Carlos quería que su pueblo aprendiera a cantar y a expresarse, deseaba que entendiera el sentido de las palabras, que leyera lo que otros habían escrito y que aprendiera de sus aciertos y errores. Lo que más admiraba al fraile britano era que Carlos no descansaba nunca y que atendía a cuantos le pedían opinión o querían hablar con él. Ansiaba comprenderlo todo: el alma humana, la justicia y el sentido de la muerte.

•••

Transcurrieron unos años hasta que, una fría mañana de primavera de 783, Hildegarda enfermó gravemente y falleció. Había dado a Carlos nueve hijos, de los que habían sobrevivido siete, contando a la pequeña Hildegarda, que tenía solo unos meses de edad.

El rey había partido semanas antes hacia la reunión anual en el Campo de Mayo con sus barones y Alcuino se vio en la difícil tarea de escribirle para contarle lo sucedido.

Mi señor Carlos:

Siento que lo que leeréis a continuación entristecerá vuestro corazón, pero me veo en la terrible obligación de explicaros que vuestra amada Hildegarda ha iniciado el viaje hacia la eternidad.

Hace tres días contrajo unas fuertes fiebres que no la han abandonado y que han consumido su cuerpo. Los médicos han hecho cuanto han podido, pero los malos humores eran dañinos y hace unas pocas horas vuestra esposa ha entregado su alma a Dios. Sus últimas palabras han sido para vos y para vuestros hijos. Ahora descansa ya en la paz del Señor.

No diré no lloréis, pues no todas las lágrimas son amargas. Solo os sugiero que recordéis que os ha dado lo mejor de su vida y que vos la habéis correspondido. Si queréis aceptar el consejo de este humilde servidor, agradeced al Creador ese regalo y seguid amándola en vuestros hijos y en vuestro pueblo como ella los amó.

Por lo demás, se os espera con ansias en Aquisgrán. Dios guíe vuestros pasos. Vuestro,

Alcuino de York
Bibliotecario de Aquisgrán

El dolor que embargó a Carlos tras la muerte de su amada Hildegarda fue mayor de lo que podía soportar. Su fallecimiento trastocó su ánimo y su corazón se ensombreció, llenándose de tinieblas. Ese verano, al terminar los días de luto por su amada esposa, se enfrascó en la persecución de los sajones y de su odiado cabecilla Widukindo.

Diez años atrás, había llegado hasta el corazón de los bosques de Sajonia y había destruido su árbol sagrado, pero no había logrado nada más. Los sajones seguían hostigando a las aldeas que quedaban cerca de las fronteras de Alemania y retomaron sus prácticas paganas.

Para el mes de junio, Carlos reunió a diez mil guerreros francos y partió hacia el norte. Al alba del décimo día de marcha, avistaron las humaredas de varias aldeas sajonas rodeadas de empalizadas y torres de defensa. Sin aguardar a los carros de provisiones, el rey ordenó que se pusiera a los caballos al trote, pues quería cogerlos desprevenidos. Su intención era que ese ataque sirviera de lección al resto de los bárbaros, especialmente a Widukindo, que se refugiaba más al norte, cerca de Frisia.

Los caballos piafaron y elevaron al cielo sus agudos relinchos. El sonido de los cuernos y los alaridos de los hombres atravesaron las nubes. Se bajaron las lanzas, las espuelas golpearon las panzas de las monturas y diez mil lanzas de hierro se abalanzaron contra las aldeas sajonas como si una tempestad empujara a un océano contra las rocas.

En su embestida arrollaron las empalizadas, clavaron sus lanzas en los enemigos que les hacían frente y cuando estas quedaron inservibles, desenvainaron sus espadas y sacaron sus hachas. No hubo arma que no segara las vidas de los bárbaros sajones que se les pusieron delante. La campaña fue sangrienta y los hombres del rey actuaron más como matarifes que como soldados de un reino cristiano. Sin embargo, ni un solo sajón se rindió.

Al terminar la embestida contra las aldeas y darse cuenta del resultado de su decisión, Carlos palideció. Los campos estaban sembrados de cadáveres, no solo de soldados sajones, sino también de mujeres, ancianos y niños. Sus hombres se habían dejado llevar por las pasiones más salvajes.

Arrepentido, se encerró en su pabellón y salió a los dos días. La expedición contra Sajonia había salido al revés de lo que había previsto. En lugar de enviar emisarios a parlamentar, los sajones enterraron a sus muertos y abandonaron sus tierras para buscar refugio más al norte.

Dos semanas después, ordenó el regreso y al llegar a Aquisgrán se refugió en la biblioteca de Alcuino. El fraile estaba en su mesa de trabajo copiando un libro de salmos cuando el rey entró y se sentó frente a él. Sus ojos enrojecidos delataban que había llorado.

—¿Qué ha ocurrido? —quiso saber el britano al verlo descompuesto.

—He provocado una matanza de inocentes.

Alcuino escuchó el relato de lo sucedido en Sajonia sin decir nada; luego, pensativo, se acarició la barba.

—Solo Dios puede perdonaros. Gobernar no es fácil y equivocarse entra dentro de lo posible. Únicamente puedo deciros que algo así no debería repetirse.

—Y no se repetirá —le aseguró Carlos.

Al día siguiente Carlos cabalgó con Teodorico el Cojo hacia el pueblo en el que predicaba fray Sturm. El viejo fraile benedictino seguía viviendo en la aldea de refugiados; lo encontró cavando en el pequeño huerto contiguo a su rústica capilla de madera. Desmontó de su caballo, ordenó a su guardia que lo esperara a un tiro de piedra y se le acercó. La espalda del viejo monje estaba más encorvada que la última vez que se habían visto y caminaba apoyándose en un bastón.

Carlos traspasó la puertecita del huerto y le habló:

—Vengo de nuevo a pedir consejo, fray Sturm.

—¿Y no el perdón de Dios? —preguntó el monje volviéndose hacia él.

Carlos se extrañó al oírle decir eso.

—Las aves del cielo traen las noticias con más rapidez que tus *missi*,[16] Carlos —añadió el monje mirando al rey gravemente—. Te has dejado llevar por la ira y has arrasado aldeas de gentes inocentes en tu loca idea de perseguir a Widukindo.

El rey de los francos bajó los ojos avergonzado.

—La última vez que me visitaste —prosiguió el gigantesco fraile— creí estar ante un rey y no ante un bárbaro. Supe de la pérdida de tu mujer y me apenó saber que había muerto en la flor de la vida. Pero eso no justifica que maltrates a inocentes.

—Quiero vencer a los sajones —replicó él.

—¿Vencer? Creía que lo que querías era construir un reino de paz y no vencer, rey.

Carlos bajó la cabeza y recapacitó durante unos segundos, pensando en las sabias palabras de fray Sturm. Desde el inicio de la campaña había tenido remordimientos, pensando que aquello no era lo que Dios esperaba de él, y estos habían aumentado al visitar las aldeas que sus soldados habían arrasado.

—Como siempre, tenéis razón —dijo luego.

—*Errare humanum est*,[17] Carlos.

—Lo sé y me arrepiento.

—¿Sabes latín ya? ¡Caramba! —se maravilló fray Sturm.

—Sí, fray Sturm, y en latín pido perdón al Todopode-

---

16. Enviados que Carlos usaba como mensajeros y que hablaban en su nombre para convocar a los señores.

17. 'Errar es humano', en latín.

roso por mis pecados: *Deus meus, ex toto corde paenitet me omnium meorum peccatorum.*[18]

—Y yo te absuelvo de ellos si en verdad estás arrepentido —respondió el monje trazando la señal de la cruz sobre su cabeza.

Carlos hizo penitencia durante una semana rezando en la pequeña capilla del fraile. Al terminar su prolongado ayuno y, antes de partir, el anciano monje lo llamó a su lado.

—En cuanto a los sajones —le dijo—, no creo que perseguirlos como si fueran una manada de lobos sea lo más inteligente. Creo que estás rodeado de buenos consejeros, ¿no es cierto?

Carlos asintió, mientras fray Sturm no quitaba sus ojos de él.

—¿Y qué te aconsejan?

—Que envíe emisarios, que hable con ellos, que pacte.

—Es un pueblo sencillo al que le gustan la comida y la bebida.

Las palabras del venerable fraile le dieron la clave para apaciguar a los bárbaros del norte. Así, unos meses más tarde, Carlos envió un *missi* para invitar a todos los caudillos a una fiesta.

Había entendido que no los podía someter, y que el diálogo y la camaradería eran los mejores aliados. No les podía imponer el cristianismo a la fuerza. Eran ellos quienes debían elegir libremente abrazar la fe.

---

18. 'Dios mío, de todo corazón, arrepentido, te pido que perdones mis pecados'.

Los invitados sajones llegaron montados en caballos peludos y barrigones. Se trataba de unos cincuenta hombres del norte vestidos con pieles y con grandes hachas colgadas del cinto. Al frente de ellos estaba Widukindo, alto y delgado. Sus ojos eran del color del agua de deshielo, tenía la boca un poco torcida, pero firme, unos grandes bigotes rubios que le bajaban hasta la barbilla y unos brazos fuertes y poderosos, surcados por innumerables cicatrices. Su cabello era lacio y lo peinaba en innumerables trenzas decoradas con piedras de colores.

Los sajones descabalgaron de sus monturas al entrar en el patio y miraron a todos lados con desconfianza. Pero, en cuanto vieron que ningún soldado del rey llevaba armas, se relajaron y participaron animadamente en la velada, que tuvo lugar en el salón de los fuegos. Carlos les explicó que no quería acabar con ellos y que podían seguir viviendo en sus tierras.

—No quiero ser un enemigo de vuestro pueblo; respetaré vuestras tradiciones. Creo que ya es hora de poner paz en las fronteras y os pido que os convirtáis al cristianismo, que abandonéis vuestras prácticas paganas y que os presentéis en el campo de batalla si se os requiere para ello.

Entonces Widukindo, que ya estaba cansado de huir cada vez más al norte, se levantó bamboleándose y levantó su copa. Hicieron lo mismo los cincuenta guerreros que lo acompañaban.

—¡Carlos ser gran rey! —gritó con voz de trueno—. Un tratado firmamos para vivir en paz. ¡Así sea hasta el final de nuestros días!

Todos los presentes aplaudieron y Carlos sonrió con satisfacción. Durante el resto de la velada los sajones bebieron, se atiborraron de comida y, al terminar, regresaron a sus tierras contando maravillas de Carlos, que los había agasajado como a señores y no les había querido imponer nada por la fuerza.

El sajón y los demás guerreros se dieron cuenta de que el rey de los francos era un hombre de palabra, pues habían salido ilesos del encuentro. La mayoría se bautizó poco después y Carlos se dio por satisfecho. La pacificación de Sajonia le había costado tres terneros, cuatro barriles de vino y tres de cerveza.

Emperador de Europa

Día de Navidad del año de Nuestro Señor de 800

A lo largo de los años siguientes Carlos multiplicó su presencia en todas sus fronteras y no escatimaba tiempo ni para sus hijos ni para el pueblo que acudía a él si lo necesitaba. Contaba ya con más de cincuenta años, pero se mantenía fuerte y ocupado.

Los hijos e hijas que había tenido con Hildegarda habían crecido, pero había tenido que lamentar la prematura muerte de Lotario y la pequeña Adelaida, que murieron siendo niños y por los que Carlos derramó abundantes lágrimas.

Carlos y Carlomán contaban ya con veintisiete y veintiséis años de edad respectivamente. Rotruda veinticinco y Luis veinte. Todos ellos habían estudiado en la biblioteca del palacio de Aquisgrán, cuyas obras estaban casi terminadas tras diez años de trabajo. Los varones recibían de su padre cada vez más tareas de responsabilidad y las hijas endulzaban sus días con sus risas y su alegría.

Durantes esos años recorrió miles de millas para luchar contra las repetidas hambrunas que asolaban de vez en cuando el reino franco. Sin olvidar sus promesas, había enviado una importante partida de guerreros a los Pirineos para ayudar al conde de Toulouse a vencer a los árabes que se habían atrevido a cruzar las montañas.

En el este el conde Erico de Friuli, uno de sus vasallos más fieles, se había internado en el territorio de los peligrosos ávaros y les había vencido. Regresó con un tesoro de incalculable valor compuesto por miles de monedas de oro y plata, espadas, coronas y toda clase de reliquias que los hunos y los ávaros habían acumulado con los años. Carlos lo repartió todo y se quedó con algunas menudencias, como una espada con el pomo de piedras preciosas que envió al rey de Britania para sellar un tratado por consejo de Alcuino de York.

Tal y como había prometido a su difunta esposa Hildegarda y cuando Odón de Metz regresó de Italia con los dibujos, decidió que había llegado el momento de edificar su capilla. Así que a inicios del año 790 y cuando las obras del palacio estaban muy adelantadas, se empezaron a cavar los cimientos de la nueva iglesia.

Las veladas en la biblioteca, en las que cada vez más nobles disfrutaban de las enseñanzas del fraile Alcuino y de su joven discípulo Angilberto, se prolongaban hasta altas horas de la noche. Durante las mañanas, el rey visitaba a menudo las obras de la nueva capilla que se erigía junto al palacio.

La fama de Carlos era tan grande que reyes de todas partes le escribían para firmar tratados o para pedirle consejo. Hasta el mismísimo califa de Bagdad le había prometido enviarle un *elephas,* un curioso animal al que Carlos solo había visto en un bestiario que Alcuino había pedido prestado al monasterio de Montecassino.

Italia nunca había dejado de ser un quebradero de cabeza para Carlos. Hacia 786 Tasilón, conde de Baviera, se alzó en armas. Este noble se había casado con otra hija de Desiderio y era uno de los que, junto con su hermano Carlomán, había tramado derrocarlo años antes.

Aun así, Carlos lo perdonó y solo le pidió que le jurase vasallaje. Sin embargo, su mujer, hija de Desiderio, no había olvidado que su familia había sido exiliada y lo instigó para conjurar contra Carlos. Entonces Tasilón se alió con los ávaros del este, pero se descubrió el complot y se apresó a Tasilón.

—¿Tampoco esta vez lo ejecutarás? —quiso saber su hijo Carlos, que compartía con su padre las decisiones del reino.

—No, Carlos, tampoco esta vez.

—No entiendo.

—Pues es fácil de entender. No quiero que pese sobre mi cabeza una muerte a sangre fría. De este modo doy ejemplo al resto de los nobles, para que sean benévolos a la hora de impartir justicia.

Se llevó a Frankfort a Tasilón, a su esposa y a sus dos hijos. Cuando acabó de pacificar la vecina Baviera, Carlos regresó a Aquisgrán para supervisar las obras de la capilla. Iban demasiado lentas y durante unos días se puso a trabajar con los albañiles, codo con codo, para dar ejemplo.

Entonces, las obras avanzaron a buen ritmo, pero Carlos tuvo que interrumpir su colaboración, pues de nuevo el hambre perturbó la vida de Austrasia.

Las lluvias de primavera habían sido escasas. Los campos estaban secos y la cosecha fue irrisoria, de modo que, otra vez, tuvo que salir a los caminos como años atrás. Lo seguía una hilera de carros para que los que tuvieran más compartieran con los que tenían menos. Se empeñó en construir puentes para que los alimentos llegaran rápidamente a las zonas más castigadas, así como nuevos graneros para almacenar el grano.

De nuevo, su voz aguda se oyó en todos los rincones del reino exhortando a dar para los necesitados. Tras dos semanas de penosa marcha, regresó a las regiones más castigadas por la hambruna.

Los ancianos besaban sus manos mientras él les daba escudillas con guisos de carne, la cual no habían probado en las últimas semanas. Tenía palabras de apoyo para unos, chistes o palabras amables para otros y derrochaba sonrisas con todos.

—Saldremos de esta. Ya lo veréis. Ya hemos salido de otras peores.

Alcuino de York lo acompañó en esta campaña en busca de víveres. El britano llevaba cinco años conviviendo con el rey y enseñándole, y este había demostrado ser un alumno aplicado. Leía en latín con fluidez y por la noche hacía que le leyeran *La ciudad de Dios,* de san Agustín, para seguir los preceptos que debe obedecer un buen gobernante.

Por otro lado, Austrasia y Neustria habían cambiado lentamente. Las sabias leyes y un estricto códice de conducta habían ordenado la vida en el reino. Además, las continuas cabalgadas de Carlos por los territorios, impartiendo justicia o ayudando a las zonas castigadas por las sequías, hacían que todos los barones observaran una fidelidad inquebrantable. Las mujeres de palacio habían aprendido a bordar bellos tapices, que alegraban las estancias. Poco quedaba ya del rústico reino que había heredado treinta años atrás.

•••

Pasaron unos años más y durante ese tiempo Carlos enriqueció sus territorios dotándolos de acequias, graneros, puentes, carreteras y unas leyes justas. Las obras de su capilla no cesaron y hacia el año 799 el Papa le dio permiso para trasladar los mármoles de algunas viejas iglesias italianas a Aquisgrán e incorporarlos a la nueva capilla.

Alcuino logró que fabricaran unas nuevas estanterías en la biblioteca del palacio, las cuales ocupó con docenas de libros copiados a mano. Además, el monje britano tenía a su disposición a una veintena de copistas que trabajaban sin descanso. Algunos eran francos que habían aprendido a copiar manuscritos decorados con letras caprichosas. Otros habían llegado de más allá de las fronteras. Todos trabajaban bajo su supervisión.

Una tarde de diciembre, como tantas otras, el rey entró en la biblioteca, pues en ninguna otra estancia se sentía tan a gusto como en aquella. A través de las nuevas ventanas se veían las cumbres nevadas de los montes y se oía con claridad el trino de los pájaros.

A su alrededor, algunos frailes traían y llevaban códices y libros. Se oía el rasgar de las plumas de oca sobre los pergaminos, las toses apagadas y el crepitar de los troncos en la hoguera. Alcuino de York no se acostumbraba a los fríos de Alemania, y los braseros ardían noche y día en la gran sala abovedada.

—Aun así, tengo el frío clavado en los huesos —se quejó a Carlos después de estornudar.

El rey se rio por lo bajo y, sin decir nada, ocupó su asiento en la ancha mesa principal de la biblioteca, delante del monje britano.

Con él, Carlos había aprendido que la memoria era la facultad de recordar el pasado, que con la inteligencia podía entender y decidir sobre el presente, y que con la previsión se podía preparar para lo que pudiera suceder en el futuro. Así, había dispuesto que se repararan las acequias para que el agua llegara a todas partes en caso de que se repitiera la sequía de años anteriores. Asimismo, había mandado construir graneros en lugares estratégicos para paliar las hambrunas y unos muros con torres de defensa cerca de las fronteras que protegieran a sus vasallos de las incursiones sajonas.

Carlos leía despacio un tratado de Boecio[19] sobre la amistad, cuando Alcuino le mostró un grueso volumen.

—Ved qué ha terminado Adalberto de Tréveris —dijo ilusionado.

El rey tomó el grueso libro encuadernado en piel y contempló extasiado el primer ejemplar de una Biblia creado en el escritorio de Aquisgrán. Luego miró a Alcuino y sonrió con satisfacción.

---

19. Pensador cristiano del siglo VI.

—¡Qué preciosidad! Es mejor de lo que esperaba —le felicitó.

—¿Verdad que sí? —dijo el monje henchido de orgullo.

Luego, el rey lo abrió por una de sus páginas y vio una H pintada con oro reluciente cuyas astas caracoleaban adoptando la forma de dos dragones.

—¡Mira, mira esta letra! —exclamó al ver que las colas de los animales se enroscaban entre sí.

A ese primer libro copiado en el escritorio de Aquisgrán le sucedieron cientos, con los que el rey quiso sembrar su reino de letras y conocimiento. Durante los años siguientes, los monasterios empezaron a multiplicarse por los valles. Los frailes que habían aprendido en el palacio, salían para enseñar a los demás y estos, a su vez, instruían al pueblo.

La ciudad —convertida en capital del reino— se fue renovando piedra a piedra. Al tiempo que sus muros se embellecían, sus habitantes estudiaban latín y aprendían a cantar. Las borracheras y las peleas se vieron reducidas a la mínima expresión.

Las calles se pavimentaron y las alcantarillas se sepultaron bajo tierra. Las campanas de las iglesias eran nuevas y las paredes de la preciosa capilla del palacio subían al cielo como una ofrenda al Todopoderoso.

Algunas tardes, Carlos paseaba por las calles, feliz por lo que sus ojos contemplaban.

—Podéis estar satisfecho, Carlos —le dijo Alcuino una de aquellas tardes en las que observaban la ciudad desde las murallas.

El rey sonrió bajo sus bigotes ya canosos y pasó un brazo sobre el hombro de su amigo.

—Tenéis tanto mérito como yo —le confió—. Solo he seguido el consejo de los sabios.

—Pero vos habéis tenido la valentía de hacerlo.

—Sí, aunque no lo habría conseguido sin contar con sabios consejos.

—Y es de sabio contar con ellos.

Carlos sonrió otra vez y no dijo nada más, porque sabía que era inútil tratar de vencer a Alcuino en los juegos de palabras. Así, siguió contemplando el atardecer, que doraba las copas de los árboles. Mientras lo hacía, el britano tuvo una visión. Le pareció que alrededor de la cabeza del rey brillaba una diadema de oro y diamantes.

Durante algunos días, el fraile estuvo pensando en esa visión, hasta que finalmente entendió que había sido un mensaje del cielo. Él había enseñado a Carlos que, siglos atrás, habitaron sus territorios hombres fieros que se enfrentaron a los romanos, a los que quedaron sometidos. Los emperadores romanos conquistaron a todas las tribus de Europa desde Hispania a Britania y desde Grecia a Egipto. También le había enseñado que esas mismas tribus se organizaron y acabaron con ese Imperio que tenía su capital en Roma.

Tras siglos de oscuridad y degeneración de las artes y las letras, Alcuino llegó a la conclusión de que había llegado el momento de reinstaurar ese Imperio, pero esta vez cristianizado. Carlos, rey de los francos, era el elegido para encarnar de nuevo las virtudes de grandes emperadores como Marco Aurelio o César Augusto.

Entonces Alcuino tomó una determinación y empezó a escribir cartas a los señores de Europa. Muchos de ellos habían enviado embajadas al rey de los francos cuando estuvieron en apuros y este los auxilió frente a los sajones, los ávaros o los peligrosos vikingos daneses.

Semanas más tarde, empezaron a llegar las respuestas, todas favorables a su idea. Incluso el propio Papa se mostró partidario de coronar a Carlos como emperador de la cristiandad, en recuerdo a los emperadores de la Antigüedad.

Alcuino mantuvo en secreto toda esta correspondencia, hasta que un día Carlos vio que estaba atareado respondiendo a unos barones italianos y no tuvo más remedio que confesarle su intención.

—Los bizantinos están sin emperador, pues Irene, que los gobierna, ha usurpado el trono. Los reyes y barones de Europa creen que ha llegado el momento de nombrar a un nuevo emperador.

En cuanto Carlos terminó de escuchar lo que Alcuino se proponía, se llevó las manos a la cabeza y preguntó:

—¿Emperador yo?

—Pensad que, si los reyes os erigen en juez, habrá menos guerras y más prosperidad —argumentó Alcuino—. Sois un ejemplo para todos los pueblos.

—Un ejemplo... —masculló Carlos con desgana—. ¿Y si me niego?

—Ya había pensado en esa posibilidad —sonrió el britano—. La corona imperial no os obliga a nada, tan solo a ser árbitro entre las partes por si surgen conflictos. De hecho, es lo que lleváis haciendo estos últimos años —añadió.

Carlos miró la barba blanquecina de su amigo. El monje, al que había encontrado en un monasterio italiano años atrás, lo había ayudado a crear un reino culto, por lo cual le estaría eternamente agradecido. Y no solo por las largas conversaciones a la luz de la luna, saboreando un buen vaso de vino, sino también por sus acertados consejos, que habían salvado al reino de más de una guerra.

—¿Tendré que vestir o actuar de una manera diferente? —quiso saber.

—Por nada del mundo.

—¿Y podré residir donde me venga en gana?

—Sí.

—¿Y creéis que es conveniente?

—Mucho —sonrió el fraile, dándose cuenta de que casi había convencido al rey—. Siempre me habéis hablado de que vuestro deseo es tener un reino próspero y en paz. Un reino en el que florezcan la cultura, el saber y las artes, donde los hombres convivan sin rencillas ni puñaladas traicioneras. Pues bien, creo que, si se impone vuestra ley, conseguiréis reunir de nuevo los territorios que estaban en paz en época del gran César Augusto.

•••

Antes de que los planes de Alcuino pudieran llevarse a cabo, algo turbó el ánimo del rey. Sucedió un frío día de otoño del año 799. Carlos estaba con sus hijos recitando unas frases de Suetonio cuando alguien llamó a la puerta con insistencia. Gisela, su hija menor, fue a abrir y el rey vio que se trataba de su principal consejero.

—¡Ah! Eres tú, Bernardo —dijo—. ¿Ocurre algo?

—Es León, León de Roma —respondió el hombrecillo retorciéndose, nervioso, las manos.

—¿Ha llegado una carta del nuevo Papa? ¡Ah! Bien, tráela.

—Una carta no, señor. Ha venido él en persona.

—¿Él? —preguntó Carlos clavando el estilete en la mesa—. ¿El Papa está aquí?

—Ha llegado montado en un mulo y acompañado de dos clérigos.

Durante unos instantes, Carlos se quedó tan atónito como sus hijos y luego bajó corriendo las escaleras, hasta que llegó al patio de armas. Allí se encontró a León de Roma, vestido con unas sencillas ropas de peregrino y sentado junto al pozo. Con él habían viajado dos frailes que en ese momento le daban de beber. Fue hacia él, lo estrechó entre sus brazos y se quedó aún más extrañado al ver que el Papa presentaba heridas en la cabeza y en la boca, como si se las hubieran chamuscado con hierro al rojo vivo.

—¡Santo padre! —dijo emocionado—. Algo muy grave debe de haber ocurrido para que hayáis atravesado los Alpes en plena estación de nieves.

El buen papa León se encogió de hombros y luego balbuceó:

—Creo que un antecesor mío hizo algo así.

—Exacto —sonrió Carlos—, se llamaba Esteban y no le gustó demasiado cruzar las montañas en invierno.

León intentó sonreír, pero no pudo, porque su visita revestía una gravedad desconocida hasta entonces.

—Desde mi elección, me ha faltado el apoyo de los nobles de Roma —le contó—. Quizás, porque soy de una familia sencilla que carece de lazos aristocráticos. Lo cierto es que me negué a conceder ciertos favores a algunos barones romanos, por lo que me acusaron de horribles pecados. Después, me tendieron una emboscada en la que resulté herido —añadió mostrando la fea cicatriz de su frente—. Me apresaron y me recluyeron en el monasterio de San Erasmo, del que estos buenos frailes me han ayudado a escapar.

Carlos lo escuchó sin mover un músculo de la cara. En cuanto el Papa terminó de hablar, le dijo solemnemente:

—No contaréis con los nobles de Roma, pero tenéis mi ayuda y ¡a fe que os he de entronizar de nuevo! Ahora, vayamos a que examinen esas heridas. Descansaréis aquí una semana y después iremos a Italia.

La cabalgada hacia Roma fue relativamente rápida. Era la cuarta vez que Carlos viajaba a Italia; en esta ocasión, el papa León montaba a su lado, escoltado por una legión de francos armados hasta los dientes.

El ejército atravesó los Alpes en pleno invierno, pasó por Parma, Rávena y otras poblaciones del norte de Italia. Un mes y medio después, llegó a las puertas de la ciudad. Faltaban pocos días para la Navidad del año 800.

El rumor de que el gran rey de Alemania y Francia regresaba acompañando al Papa se extendió por la región como un incendio que todo lo arrasa. Cuando llegaron frente a las murallas, Carlos y León encontraron a gente que los esperaba para vitorearlos. Les devolvieron el saludo con alegría y entraron en Roma, que les había abierto sus puertas de par en par.

Al día siguiente, Carlos pidió que se convocara a los nobles de la ciudad, requirió la presencia de los acusadores y se nombró como juez del juicio. Esa misma tarde, la curia de barones y obispos se reunió en la basílica de San Juan de Letrán.

Carlos sabía que no había pruebas contra el Papa, a quien sus detractores acusaban de adulterio y de jurar en falso, así que se sentó junto al altar e increpó a la audiencia, que lo observaba con ojos temerosos.

—¡Ved aquí a León papa —gritó para que todos lo oyeran—, que ha tenido que cruzar los Alpes en busca de auxilio porque vosotros, pérfidos romanos, le queríais cegar y cortar la lengua en base a no sé qué infundadas acusaciones!

El silencio que se hizo en la sala tras las enfurecidas palabras del poderoso rey franco se podía cortar con un puñal.

—Bien —prosiguió Carlos—. No quiero que se diga que el defensor de Roma actúa sin que se celebre un juicio justo. ¿Y por qué?, os podéis preguntar. ¿Por qué he venido a la ciudad? Porque desde los tiempos de mi abuelo Carlos el Martillo, los francos hemos sido los defensores de Roma. Nunca nos hemos inmiscuido en vuestro gobierno, pero ahora estamos hablando de traición. Sabed que hace cinco años, cuando se eligió a León —dijo, señalando al Pontífice—, me envió una carta junto a las llaves de la tumba de san Pedro y la bandera de Roma, con lo que me reconocía como protector de la Santa Sede. Todo hombre merece un juicio justo y defenderse de las acusaciones que se hacen contra él. Nadie puede tomarse la justicia por su mano.

Miró con el ceño fruncido a las nobles familias romanas que abarrotaban la basílica y aguardó un minuto en silencio.

—Y ahora... —prosiguió—, ¿quién acusa al papa León de todos estos delitos? ¿No fuisteis vosotros mismos quienes lo detuvisteis, lo depusisteis y lo torturasteis?

Ninguno de los presentes se atrevió a abrir la boca ni a levantar la cabeza hacia el rey de los francos.

—La tierra de la que provengo —continuó— está llena de bárbaros, pero creo que son inocentes palomas comparados con las culebras que habitan en esta ciudad, hombres pérfidos que no respetan los poderes establecidos ni las leyes civilizadas.

Los nobles romanos, especialmente aquellos que habían secundado la conspiración, empezaron a temblar al ver la corpulenta guardia de Carlos junto a las puertas de la sala. Eran veinte o treinta hombretones altos, de mirada fiera y brazos como robles, que tenían sus ojos clavados en su rey, como si aguardaran su señal para molerlos como el grano en el molino.

Ningún patricio romano respondió y los acusadores no presentaron pruebas contra él, ya que el complot se había basado en mentiras. Como nadie se alzó para jurar sobre los Evangelios, Carlos se levantó de su sitial y se acercó al depuesto Papa.

—Entonces, ¿nadie os acusa? —preguntó mientras le tomaba de la mano para que se levantara—. Dado que esto es así y que ninguna persona osa hablar en contra vuestra, yo os libero de esta carga y os devuelvo vuestro trono.

El jurado del caso condenó a muerte a los romanos que habían torturado al Papa, pero Carlos los absolvió y ordenó que permanecieran de por vida en distintos monasterios alemanes para purgar su pecado. Se volvió a instaurar al papa León en la sede de Pedro, que regresó a sus habitaciones para reanudar su actividad como Pontífice.

Pero ahí no terminó todo. Alcuino había seguido en contacto con los otros poderosos y con el mismo Papa para que Carlos fuera coronado como emperador durante esas fiestas de Navidad. Carlos intuía que algo sucedía, pues su consejero y amigo le había sugerido varias veces que vistiera sus mejores galas.

—¿Creéis que me reconocerán si me adorno como un pavo real? —le había preguntado Carlos, burlón.

—Probablemente no, mi rey.

—Cuando era joven me llamaban el Palurdo y he de confesaros que el apodo no me desagradaba del todo, pues respondía a la realidad. Mi querido Alcuino, dejemos que Carlos el Franco sea simplemente eso, un franco.

•••

Dos días después, la mañana del día Navidad del año 800, Carlos llegó ante la basílica de San Pedro acompañado por sus fieles y una pequeña guardia. La iglesia que había ordenado construir el emperador Constantino quinientos años antes relucía como un cáliz de oro.

Una muchedumbre de romanos esperaba a sus puertas para ver entrar al gran rey de los francos, quien se sintió un poco incómodo, pues le gustaba más el contacto con las personas que ser el centro de todas las miradas.

Como había dicho a Alcuino, quiso asistir al oficio religioso con la sencillez acostumbrada en él. Solo llevaba una cadena dorada al cuello y, al cinto, una espada con la empuñadura de oro. Ni su túnica ni las botas que calzaba eran distintas de las que usaba a diario.

Se oyeron diez graves campanadas, que marcaban el inicio de la solemne ceremonia, y Carlos subió los peldaños de la iglesia lentamente, acompañado por Alcuino y su fiel Teodorico que, con el paso de los años, cojeaba aún más.

Se abrieron las grandes puertas de bronce y avanzó por el pasillo central hasta que se situó frente al altar principal, en el que aguardaba el Papa junto a una docena de diáconos revestidos con sus casullas bordadas en plata. Se arrodilló frente al altar de san Pedro y rogó por su pueblo y por los pueblos que desde hacía años habían buscado refugio bajo su capa.

Momentos después empezó la ceremonia. Las graves voces de los cantores resonaron por la nave y vaharadas de incienso envolvieron las columnas del templo.

Tras la lectura de los libros sagrados, dos jóvenes pajes que llevaban un cojín en el que reposaba una preciosa diadema dorada, se acercaron al Papa. León se levantó de su trono, bajó los escalones, la tomó en sus manos y coronó la blanca cabeza del rey de los francos.

—¡Por la gracia de Dios! —dijo en voz alta para que

todos lo oyeran—. ¡Carlos, yo te corono como sacro emperador del Imperio cristiano de Occidente!

Repitió tres veces la fórmula de la coronación, todos los presentes prorrumpieron en vítores y las cincuenta campanas de la iglesia resonaron por la ciudad. Al instante, les siguieron las que dormían plácidamente en todas las iglesias de Roma. Se lanzaron cientos de palomas blancas al cielo y las muchedumbres aplaudieron en las calles y en las tabernas al oír que un nuevo emperador había sido coronado en la ciudad.

Carlos buscó con sus ojos a Alcuino, que, satisfecho, sonreía detrás de sus hijos Carlos, Luis y Carlomán. No habló, pero sus ojos lo decían todo.

El oficio religioso terminó con una misa y cantos de alabanza. Finalmente, el nuevo emperador salió, cubierto por el manto imperial, mientras las campanas de Roma seguían repicando. Afuera lo esperaban multitudes que lo vitorearon.

—Si hubiera sabido que me esperaba esto, ayer mismo hubiéramos emprendido el regreso a Alemania —murmuró.

Desde ese día, se le empezó a llamar Carlos el Grande y, poco a poco, su nombre derivó en el de Gran Carlos o Carlomagno. Sin embargo, a él le importaban poco esos honores porque, cuatro días después de la coronación, emprendió el regreso a los Alpes.

No se enojó con Alcuino, ni mucho menos con el Papa, pero pensaba que su sitio estaba lejos de esa pompa y de ese lujo. Él se debía a su pueblo. Nada podía distraerlo de lograr su bienestar.

La capilla palatina

Palacio de Aquisgrán. Año de Nuestro Señor de 801

Un mes después de la coronación de Carlos, cuando una de sus hijas, Hiltruda,[20] estaba sentada en una de las almenas del palacio de Aquisgrán trenzando una corona de flores, los cuernos anunciaron el regreso de su padre, el rey.

La niña bajó corriendo por las escaleras de la torre. Todavía era una niña, pero ya prometía ser una beldad como lo había sido su madre. Sus trenzas rojizas casi llegaban hasta la cintura; sus ojos, claros como el agua del Rin, centellearon de gozo al ver de nuevo al rey.

—¿Cómo ha ido, padre? —le preguntó agarrada al estribo del caballo real.

—Muy bien, ha ido muy bien, tesoro. Me han coronado emperador.

—¿Y eso es muy, muy importante?

Carlos se rio y sus ojos brillaron con cierta malicia.

---

20. Hiltruda era hija de Fastrada, con la que Carlos estuvo casado durante diez años tras la muerte de Hildegarda.

—¿Quieres saber la verdad? —dijo, al tiempo que descabalgaba y la abrazaba.

—Sí.

—Pues no. En realidad, no es muy importante.

—¡Ah! —exclamó la niña un poco desilusionada.

Repentinamente, la niña pareció recordar algo y abrió unos ojos como platos.

—¿Sabes qué? —le dijo—. En tu ausencia llegó una caravana de Oriente y trajeron a un animal muy grande. Tiene una nariz larga como un tronco. Es como aquellos unicornios de las historias que nos leías, aunque este es gordo y bastante feo. Sus orejas son tan grandes como las de Wilfredo, el mozo de las caballerizas.

—¡Eso sí que es importante! —se rio el rey, que se levantó del banco en el que se había sentado junto a la menor de sus hijas—. ¿Ya han traído el *elephas?* ¿Y dónde está?

Hiltruda le contó que habían preparado un espacio junto a las cuadras de los caballos. Bajaron aprisa hacia las caballerizas y en la más grande de todas vieron al gran animal, que mascaba. Se trataba de un elefante alto como la iglesia de fray Sturm y con dos grandes cuernos que le salían de la boca.

—Es más grande de lo que había imaginado —se admiró el monarca—. Habrá que ponerle un nombre. ¿Has pensado en alguno?

—No.

—Mmmm..., déjame pensar. ¿Qué tal Boecio? No, no, que Alcuino se enfadaría si pongo a esta bestia el nombre de un filósofo. ¡Ah, ya está!, ¿qué tal Desiderio?

—¿Cómo el que fue rey de los lombardos?

—Exacto. Aunque este animal es más hermoso que él.

—Eres un hombre importante —le dijo Hiltruda abrazándose a su cintura.

—¿Porque me han coronado emperador en Roma?

—No, por eso, no. Eres importante porque el rey de Persia te envía este animal.

Carlos se rio de nuevo al oír la ocurrencia de su hija y acarició su cabeza.

—¿Sabes? A partir de ahora me llamarán Carlomagno.

—¿Y eso qué quiere decir?

—¿No asistes a las lecciones con los maestros, mi niña?

—Aún no. Me han dicho que todavía soy pequeña para que me llenen la cabeza con latines.

Carlos carraspeó un poco molesto y luego le explicó:

—Pues significa 'el Grande', aunque a mí me gusta más 'bienhechor de los pueblos'.

Para entonces, Europa estaba pacificada. Carlomagno se había encargado de ello y todas las naciones lo reconocían como emperador. Así, pudo dedicarse a acometer uno de sus planes más deseados: finalizar las obras de la capilla del palacio.

Los albañiles de Odón de Metz llevaban varios años trabajando en la construcción, pero con su impulso las obras avanzaron a pasos de gigante, pues mandó traer a más obreros y él mismo supervisaba los trabajos cada día. Llegaron desde Bizancio artistas de mosaicos y el Papa le autorizó a llevarse columnas y estatuas de las iglesias de Rávena para decorar la nueva construcción.

Después de la coronación en Roma, Carlos quiso quedarse una larga temporada con sus hijos en Aquisgrán. Así, los años corrieron como las aguas por el Rin o por el Elba, trayendo y llevando mercaderes que comerciaban en los prósperos puertos del reino. Se sucedieron las reuniones anuales en el Campo de Mayo y las cacerías en los bosques cercanos; los asuntos del reino prosperaban.

El rey envejeció lentamente. Su cabello seguía siendo rizado, pero ya no era dorado, sino blanco. Sus largos bigotes también se volvieron del color de la nieve, pero sus ojos seguían chispeando con fervor al oír los cantos litúrgicos o los buenos chistes. La paz del reino hizo que engordara unas libras; se podía decir que su felicidad era casi completa.

La única noticia que entristeció su ánimo durante esos años de paz fue la repentina muerte de su fiel Alcuino de York. El fraile llevaba un tiempo en San Martín de Tours con un grupo de escribientes, copiando varios libros de su biblioteca, cuando falleció de pulmonía en diciembre de 804.

—Al parecer, un repentino resfriado se lo llevó al cielo —le dijeron cuando le informaron de la desgracia.

—Pobre Alcuino —se lamentó Carlos, sin avergonzarse de que las lágrimas resbalaran por sus mejillas—. Dios lo tendrá en su gloria. Espero reencontrarme con él algún día. Ha sido un gran maestro y amigo; el reino le debe más de lo que podemos imaginar.

Carlos mandó erigir una estatua en su recuerdo y la instaló en su biblioteca, en la que ambos pasaron tantas veladas leyendo o discutiendo sobre pueblos y política.

Mientras tanto, las obras de la capilla palatina de Aquisgrán avanzaban a buen ritmo. Estaba a punto de completarse el segundo piso y de comenzar la construcción de la gran cúpula que coronaría la iglesia. Su interior era precioso; recordaba a las grandes iglesias circulares que Carlos había tenido ocasión de visitar años antes en Roma y Rávena.

Las piedras de la capilla estaban bien talladas. Los capiteles narraban historias del Antiguo Testamento y entre cuerdas, escaleras y andamios, docenas de picapedreros se afanaban en colocar los sillares en su sitio.

Pero el monarca no solo se preocupaba por las obras de la capilla, pues su actividad seguía siendo frenética. Se levantaba al alba, tras pocas horas de sueño, y bajaba al patio de armas, donde se lavaba la cara y las manos con agua helada mientras la guardia le ponía al día de los asuntos de la milicia. Hablaba con los que iban al mercado, tenía palabras de ánimo para unos y corregía a otros, si era necesario.

Luego regresaba a las habitaciones del nuevo palacio. Desayunaba con apetito y despachaba con sus consejeros Bernardo y Angilberto, discípulo de Alcuino al que había nombrado canciller y maestro de palacio.

Dedicaba el resto de la mañana a tomar decisiones para el bien del reino. Impartía justicia. Luego, empleaba unas horas en leer y escuchar el coro. Visitaba casi a diario las obras de la capilla del palacio. Comía rodeado de sus hijos, a quienes escuchaba y hacía leer por turnos algún libro de los que los monjes habían copiado bellamente bajo la atenta mirada de Alcuino.

Por la tarde, atendía las visitas de barones o de embajadores de otros reinos y, al atardecer, cuando el sol doraba las copas de los árboles, le gustaba montar a caballo con sus hijas, a las que mimaba, otorgándoles toda clase de caprichos.

Una tarde se cayó mientras cabalgaba, pues seguía montando casi a diario aunque había aumentado de peso considerablemente. Los médicos le entablillaron la pierna y desde entonces cojeó, aunque lo sobrellevó con dignidad.

—No es nada —se rio cuando apareció ante los demás con un bastón en cada mano—. Antes estaba gordo y ahora, además, estoy cojo.

•••

Pero el rey sabía que envejecía; eso era algo de lo que había hablado largamente con Alcuino para el momento en que fuera necesario tomar decisiones. Así que antes de que terminara el crudo invierno del año 806, convocó una asamblea de barones en Aquisgrán.

La nueva sala de audiencias, terminada pocos años antes, resplandecía tanto o más que sus candelabros de bronce dorado. Durante el solemne acto, Carlos se alzó de su tribuna y miró a todos y cada uno de los nobles francos.

—Como sabéis, mis buenos barones —dijo—, siempre he escuchado los consejos de los sabios. De mi buen Alcuino, en paz descanse, aprendí que un hombre no debe perpetuarse en el poder.

El padre de Europa

Los nobles intercambiaron miradas alarmadas sin entender qué se proponía el rey al que llevaban sirviendo durante casi cuarenta años.

—Por eso —prosiguió Carlos—, decreto que, cuando yo muera, el reino se divida entre mis hijos Luis, Carlomán y Carlos. Así, seguiré la costumbre y el ejemplo de mi propio padre. El primero gobernará en Aquitania y el segundo en Lombardía. Carlos, como primogénito, cuidará de las riberas del Rin hasta Tours, nuestro bien amado reino franco. De este modo, si uno necesita ayuda, su hermano podrá acudir a auxiliarlo.

Varios años más tarde, cuando parecía que un nuevo viento llevaba la barca de los francos a buen puerto, Carlos tuvo que soportar la muerte de varios seres queridos. A la de su hijo Carlomán, que había sido coronado rey de Italia, se sumó la de Teodorico el Cojo, que lo había servido durante años. Dispuso que se enterrara a su fiel compañero en una de las capillas de la nueva iglesia de Aquisgrán. Su padre Gualterio había muerto veinte años atrás después de haber servido a su padre Pipino y a él mismo.

Su buen humor no se agrió ni al final de sus días, cuando su hijo Carlos, rey de los francos, falleció al año siguiente. Le siguió Pipino el Jorobado, que estaba recluido en una abadía a causa de una traición. Por otra parte, ninguna de sus hijas se había desposado y a él le gustaba tenerlas cerca para que le hicieran compañía.

Pero parecía que Carlomagno no podía retirarse como quería.

En los últimos años había logrado firmar una tregua con los vikingos de Dinamarca, contra los cuales, años antes, había luchado en las costas de Normandía. Sin embargo, al otro lado, unos barcos sarracenos amenazaban los territorios del sur de Italia y el Papa solicitaba, una vez más, su ayuda.

Se encontraba de nuevo en Normandía cuando llegaron buenas noticias desde Hispania. Sus hombres habían logrado arrebatar Tortosa a los árabes, y tanto Girona como Barcelona estaban seguras y armadas.

Al final de sus días, Carlos podía decir que su reino estaba en paz y que lo acechaban pocos enemigos, pues había firmado con todos pactos de no agresión. Pero no tuvo ni un momento de descanso. Afianzó el control en las fronteras con continuas expediciones; de este modo, calmó con su sola presencia los tumultuosos ánimos de ávaros, lombardos y árabes.

•••

Tras unos meses de tranquilidad, con la caída de las primeras nieves decidió regresar a Aquisgrán y cumplir su sueño: la inauguración de la capilla del palacio.

Carlos tenía prisa. El día anterior a la inauguración, los obreros habían retirado los últimos andamios a pesar de las quejas de los pintores, que no pudieron terminar de decorarla; aun así, el templo resplandecía como una corona de oro y diamantes.

Amaneció el gran día y las trompetas resonaron por el valle. Las damas y los caballeros sacaron sus mejores vestidos y capas de los arcones. Las muchachas decoraron la iglesia con centenares de ramos de tomillo y lavanda.

El padre de Europa

La iglesia era altísima; jamás se había visto un edificio más elevado, pues casi doblaba a la fortaleza de Thionville, y la remataba una bella cúpula redonda. Se encontraba unida al conjunto palaciego que el rey había hecho construir para las largas temporadas de invierno, cuando la nieve y las tormentas hacían impracticables los caminos. Su planta era octogonal y estaba tallada en piedra oscura. Para decorarla se habían traído de Roma columnas, mármoles, medallones de bronce y numerosas reliquias de los santos, si bien la reliquia más importante de la capilla palatina era un trozo de la capa de san Martín, traída desde Tours.

A la hora convenida, entraron en la capilla los hijos del rey. Él lo hizo en último lugar, de la mano de su hija Hiltruda. En uno de los primeros bancos estaba sentado Odón de Metz, que asistía con orgullo a la primera función litúrgica que iba a tener lugar en la iglesia en la que había empleado unos quince años de su vida y que resplandecía como uno de los famosos relicarios de Tours.

—A Alcuino le hubiera gustado ver esto —suspiró Carlos emocionado.

En la nave circular se habían reunido todos los nobles y señores de los reinos de Neustria y Austrasia. Todos, sin excepción, cantaban en latín sin desafinar, leyendo de un libro de los salmos bellamente ilustrado.

Carlos, cojeando, se sentó en su trono de piedra, que estaba situado al final de unas escaleras, frente al altar principal. Vio a sus pies a sus hijos e hijas, sonrió satisfecho y alzó la cabeza. El templo estaba iluminado por cientos de velas y los mosaicos brillaban como el sol.

Frente a él, permanecían en pie docenas de barones, hijos y nietos de quienes lo habían acompañado durante sus casi cincuenta años de reinado.

Se oyó una campanilla y los sacerdotes salieron en hilera, portando una gran cruz procesional decorada con joyas y levantando por encima de sus cabezas los bellos Evangelios. Entonces, Carlos recordó a Gualterio el Cazador y a su hijo Teodorico el Cojo, a su padre Pipino y a su madre Bertrada. Se vio a sí mismo cabalgando hacia los Alpes para recibir al papa Esteban, que acudía en busca de auxilio. Vio a su joven esposa Hildegarda pasear por los campos con el pequeño Pipino el Jorobado detrás de ella; a Alcuino de York disertando sobre lo divino y lo humano en la biblioteca inacabada, mientras las estrellas hacían de tejado. Vio a los papas a los que había tratado y protegido, y recordó cuanto había hecho en favor de su pueblo y de los pueblos para los que había sido nombrado emperador, y sintió mucha paz.

—Gracias, Dios mío. Gracias —susurró.

La solemne ceremonia dio comienzo. Poco después, Carlos roncaba plácidamente en su sitial. Su viejo consejero Bernardo se acercó para despertarlo como otras tantas veces había hecho, pero el heredero Luis le hizo una señal para que lo dejara dormir.

—No lo despertéis —le dijo—. El rey lleva cuarenta años batallando sin cesar para forjar un Imperio que ha mantenido en paz y merece descansar.

El viejo consejero hizo una reverencia ante el hijo de Carlomagno y regresó a su sitio en uno de los laterales de la iglesia. Tras el florido sermón de fray Bonifacio de

Worms, un coro de infantes empezó a cantar el *Aleluya* en un latín tan pulcro y con una entonación tan perfecta, que hubiera hecho llorar de emoción al mismísimo Alcuino de York.

Epílogo

La capilla palatina se inauguró hacia el año 811. Durante el invierno de 813, Carlomagno sufrió fiebres. A pesar de eso, y en contra de los consejos de sus médicos, no se dio descanso, de modo que siguió impartiendo justicia y atendiendo a los barones y a los embajadores de otros reinos. Siempre tenía una palabra amable para todos y todos salían satisfechos de sus audiencias, pero su corazón ansiaba salir a los bosques.

Tras la coronación de Luis el Piadoso[21] como coemperador franco y con los primeros brotes de la primavera, salió con cuatro cazadores hacia los bosques que rodeaban Aquisgrán. Regresó a palacio delirando de fiebre y se le prescribió un ayuno, como se acostumbraba en esos casos.

Pocos días más tarde, su estado se agravó y se sintió morir. Mandó llamar a su hijo Luis y le dijo:

—Sé siempre generoso con tus hermanas, tus sobrinos y tus nietos, así como con todos los que llevan tu sangre. Protege al Papa y besa donde pisen los pobres.

---

21. También conocido como Ludovico Pío.

Angilberto redactó su testamento y repartió sus monedas y sus joyas en tres grandes arcones. Los dos primeros se entregaron a los obispos, para las obras de las abadías, y el tercero fue para los pobres. «Es lo que debe hacer un buen cristiano», dijo mientras veía cómo sellaban los cofres llenos de tesoros.

Carlos murió de pleuresía a las nueve de la mañana del 28 de enero de 814 tras haber asistido a misa. Tenía 70 años y había reinado durante cuarenta y siete. Se le enterró en su capilla palatina unos días más tarde. Su fiel Angilberto falleció pocas semanas después.

La muerte del emperador afectó a muchos de sus nobles, en especial, a aquellos que lo habían seguido en su aventura literaria y habían aprendido a leer junto a él. Un monje de la abadía de Bobbio se lamentó de esta manera:

«Desde las tierras donde se alza el sol hasta las playas occidentales la gente llora y se lamenta. [...] Los francos, los romanos y todos los cristianos se duelen con enorme preocupación. [...] Jóvenes y ancianos, gloriosos nobles, todos lamentan la pérdida de su césar. [...] El mundo lamenta la muerte de Carlos. [...] Cristo, tú que gobiernas los cielos, concede a Carlos un lugar tranquilo en tu reino».

Cien años después de su entierro, el emperador Otón descubrió su tumba. Según relatos de la época, su cuerpo estaba incorrupto. Este rey admiraba tanto a Carlomagno que ordenó que revistieran su cuerpo con ropas lujosas, lo coronaran y lo sentaran de nuevo en su trono. En 1165, el emperador Federico abrió de nuevo la tumba y trasladó el cuerpo a un sarcófago que instaló bajo el suelo de la catedral.

El padre de Europa

Carlomagno estableció las bases de lo que hoy llamamos Europa. Años antes de su fallecimiento, repartió entre sus hijos los territorios del Imperio. Entre los siglos IX y X, se sucedieron nuevas oleadas de ataques invasores de pueblos normandos, húngaros y sarracenos que devastaron Europa occidental.

A pesar de sus esfuerzos y de su empeño, Carlomagno no logró dotar a su reino de una estructura política que pudiera resistir las amenazas que se cernían sobre él. Toda su organización descansaba en una condición: la fidelidad de los nobles al rey.

Tras su muerte, los condados se hicieron progresivamente más autónomos, porque resultaba muy costoso mantener a un guerrero con todo su equipamiento y solo los grandes propietarios podían permitírselo. Los restantes soldados no tenían más alternativa que encomendarse a estos señores como vasallos.

Los señores comenzaron a recompensar este vasallaje con la entrega de un feudo. En el reino de los francos no existía un ejército permanente, sino que se realizaban reclutamientos y cada guerrero debía equiparse por su cuenta. Se vivía en una sociedad rural, basada en la agricultura de subsistencia. Las ciudades eran muy pequeñas y estaban casi despobladas. La burguesía aún no había surgido como clase social, el comercio estaba paralizado y las provincias tenían que subsistir con sus propios recursos.

Así, entre el emperador y los hombres libres cobró más fuerza la casta intermediaria de los nobles, ante quienes debían responder sus vasallos. Era solo cuestión de tiempo que en un extenso Imperio, con escasas y deficientes comunicaciones, los vasallos respondieran más a sus señores locales que al emperador.

Mientras Carlomagno vivió, su extraordinario prestigio, su mano firme y su férrea voluntad hicieron que se le obedeciera. Pero su hijo Carlos, que tenía un gran talento militar y a quien había confiado algunas de sus misiones más difíciles, no le sobrevivió y falleció en 811.

Tras su muerte, y dadas las pocas luces de su hijo y sucesor Luis el Piadoso, los hechos se precipitaron. La mágica fidelidad que se mantuvo por la prestigiosa figura de Carlomagno desapareció y el Imperio naufragó a causa de los continuos ataques de los nórdicos. Así cobró auge el feudalismo y se inició una edad oscura. Del renacimiento de las artes y de las letras que había impulsado Carlomagno quedaron sus construcciones, así como docenas de libros y piezas de arte que se conservan celosamente en los museos de Alemania y Francia.

Índice

Colección biografía joven

1. **Pasión por la verdad** (San Agustín)
   Autor: Miguel Ángel Cárceles

2. **El joven que llegó a Papa** (Juan Pablo II)
   Autor: Miguel Álvarez

4. **La madre de los más pobres** (Teresa de Calcuta)
   Autora: María Fernández de Córdova

5. **La descubridora del radio** (María Curie)
   Autora: Mercedes Gordon

6. **Un genio de la pintura** (Velázquez)
   Autora: Mercedes Gordon

7. **Camino de Auschwitz** (Edith Stein)
   Autora: María Mercedes Álvarez

8. **La formación de un imperio** (Carlos V)
   Autor: Godofredo Garabito

9. **Los pastorcillos de Fátima** (Lucia, Francisco y Jacinta)
   Autor: Miguel Álvarez

10. **Un arquitecto genial** (Antoni Gaudí)
    Autor: Josep Maria Tarragona

11. **Un corazón libre** (Martin Luther King)
    Autor: José Luis Roig y Carlota Coronado

12. **Una vida para la música** (Johann Sebastian Bach)
    Autora: Conchita García Moyano

13. **El hijo del trueno** (San Juan de Betsaida)
Autor: Miguel Ángel Cárceles

14. **Siempre madre** (Santa Juana de Lestonnac)
Autora: M.ª Teresa Rados, O.N.S.

15. **El mago de las palabras** (J. R. R. Tolkien)
Autor: Eduardo Segura

16. **La aventura de ser santo** (San Josemaría Escrivá de Bala-
guer)
Autor: Miguel Ángel Cárceles

17. **Canciller de Inglaterra** (Sir Tomás Moro)
Autor: Francisco Troya

18. **La luz en los dedos** (Luis Braille)
Autor: Miguel Álvarez

19. **Una pequeña revolución** (Santa María Rosa Molas)
Autora: M.ª Teresa Rosillo

20. **Por tierras y mares «de esperar en Dios»** (San Francisco
Javier)
Autor: Máximo Pérez Rodríguez, S.J.

21. **Una historia de lucha y amor** (Santa Teresa de Jesús)
Autora: Amparo Boquera

22. **El insigne hidalgo (Miguel de Cervantes)**
Autor: Francisco Troya

23. **Encuentros con el amor** (Bernadette Soubirous)
Autora: María Mercedes Álvarez